KB117907

위기의 지구,
물러설 곳 없는 인간

위기의 지구,
물러설 곳 없는 인간

서가명강 11

기후변화부터 자연재해까지
인류의 지속 가능한 공존 플랜

남성현 지음
서울대학교
지구환경과학부 교수

21세기북스

이 책을 읽기 전에 학문의 분류

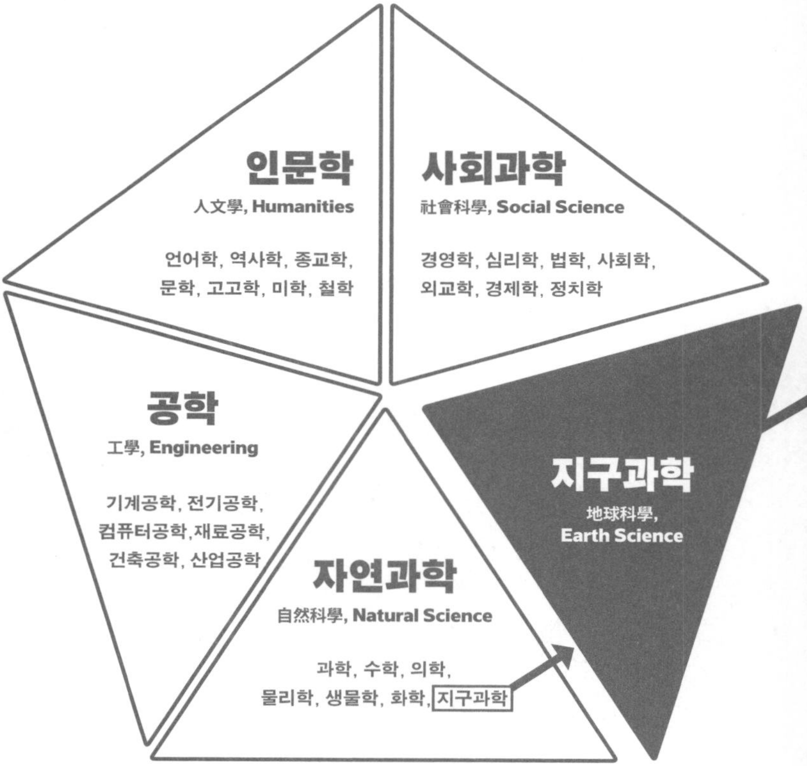

인문학
人文學, Humanities

언어학, 역사학, 종교학,
문학, 고고학, 미학, 철학

사회과학
社會科學, Social Science

경영학, 심리학, 법학, 사회학,
외교학, 경제학, 정치학

공학
工學, Engineering

기계공학, 전기공학,
컴퓨터공학,재료공학,
건축공학, 산업공학

자연과학
自然科學, Natural Science

과학, 수학, 의학,
물리학, 생물학, 화학, 지구과학

지구과학
地球科學,
Earth Science

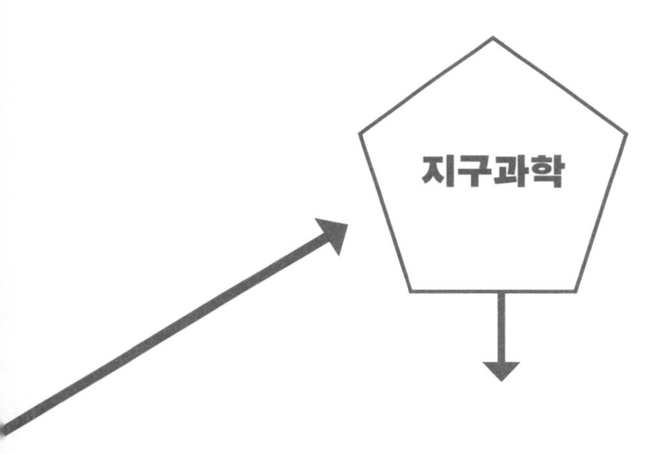

지구과학이란?

地球科學, Earth Science

지구과학은 지구를 중심으로 그 주변의 자연을 대상으로 연구하는 학문이다. 지표면의 물질을 연구하는 지질학, 대기 현상을 연구하는 기상학, 바다 현상을 연구하는 해양학, 지구 내부의 현상을 연구하는 지구물리학 등을 포함하고 있다. 물리학, 화학, 생물학 등과 연계한 학제 간 연구를 활발하게 진행하면서 지구온난화, 기상이변 등 우리가 살고 있는 지구에 일어나고 있는 환경 문제에 주목하고 있다.

이 책을 읽기 전에 주요 키워드

재해/재난(harzard/Disaster)

자연 현상이 인명이나 재산에 피해를 입히면 재해가 되며, 재난은 재해가 어떤 지역에서 한정된 시간에 걸쳐 발생해 사회에 영향을 끼친 것을 의미한다. 재난이 심해지면 재앙(catastrophe)이 된다.

쓰나미(Tsunami, つなみ)

일본어로 '항구의 파도'라는 뜻으로, 바다 속에서 지진이 일어나면 그 에너지가 바다에 전달돼 거대한 파도의 형태가 되어 지상을 강타하는 지진해일을 일컫는다.

미세먼지(Particulate Matter, PM)

대기 중에 떠다니며 눈에 보이지 않을 정도로 작은 먼지를 말한다. 국가에 따라 미세먼지의 기준이 다르며, 중금속 함유량이 높아 면역력 저하 및 호흡기 질환을 야기할 수 있다.

온실효과(Greenhouse effect)

가스 입자에 의해서 지구 표면과 대류권이 더워지는 현상을 말한다. 온실효과를 일으키는 가스 중 가장 대표적인 것이 이산화탄소이며, 전 세계적으로 이를 감축하려는 노력이 이루어지고 있다.

엘니뇨/라니냐(El Niño/La Niña)

엘니뇨는 동태평양의 수온이 비정상적으로 높아지는 현상을, 라니냐는 이와 반대로 적도 무역풍의 세력이 강해져서 동태평양의 해수 온도가 낮아지는 현상을 말한다. 기상 이변이 아닌 에너지 균형에 따라 생기는 자연스러운 현상이다.

해류(Ocean Current)

바닷물의 지속적이고 일정한 흐름을 말한다. 해류가 움직이는 원인에 따라 표층 해류와 심층 해류로 구분되거나 수송하는 해수의 수온에 따라 난류와 한류로 구분된다.

열염분 순환(thermohaline circulation)

해수의 수온(열)과 염분(염) 차이에 의한 밀도차에 의해 수온약층 아래에서 느리게 흐르는 해수의 흐름으로, 약 1,500m까지의 중층수, 중층수보다 아래에 있으나 바닥과 접하지는 않는 심층수, 해저와 접하고 있는 저층수가 수송되는 순환을 의미한다.

망간단괴(Manganese nodules)

해수 및 퇴적물의 금속 성분이 해저면에 침전되어 만들어진 직경 1~15cm의 다금속 산화물로 감자 모양에 검은색을 띄고 있어 '검은 황금'이라 불린다.

프로파일링 플로트(profiling float)

부력을 조절해서 오르내리며 수집된 데이터와 위치 정보를 전송하는 해양 관측 장비를 말한다. 한번 가라앉으면 정해진 수심에서 1주일 이상 머문다.

파인먼 경계(Feynman line)

자연과학과 사회과학을 모두 포괄하는 융복합과학적 접근을 말한다. 지구물리학자 존 C. 머터가 이론물리학자 리처드 파인먼의 이름을 따서 명명했다.

차례

"우리의 미래는 외롭고 삭막한 각자도생에 있는
것이 아니라 위기의 지구에서 살아남기 위한
공존의 지혜 속에 있다."

들어가는 글

푸른 지구에서 살 수 없게 된다면

우리는 과연 우리가 살고 있는 지구에 대해 얼마나 잘 알고 있을까? 매해 여름과 겨울이면 '기상관측 이래 최고'라는 수식어를 어렵지 않게 접하고 지구환경이 여러 심각한 위기에 처해 있다는 수많은 뉴스를 접하면서도, 우리는 여전히 지구에 대해 잘 알지 못한다.

플라스틱 사용의 경각심을 일깨웠던 한 다큐멘터리 덕에 플라스틱 재질의 용기나 빨대 사용을 줄이자는 캠페인이 전개되기도 했지만 인간이 지구에 끼치는 영향이나, 반대로 지구가 인간에 끼치는 영향에 대해 고민하는 사람은 여전히 많지 않다.

그런데 이런 고민을 업으로 삼은 사람들이 있다. 바로

배를 타고 바다로 나가 거친 바다와 싸우며 직접 데이터를 수집하는 과학자들이다. 이런 과학자들을 지구과학자, 해양과학자 중에서도 해양관측 과학자sea going scientist라고 부른다. 그들에게 바다는 일터이자 본거지다.

왜일까? 왜 그들은 끊임없이 바다로 나가는 것일까? 최근 들어 점점 더 많은 사람들이 바다에 관심을 갖기 시작하면서 무엇이 그들을 움직이게 하는지에 대한 답도 수면 위로 떠오르고 있다. 여러 가지 이유가 있겠지만, 그중에서도 가장 중요한 이야기를 할리우드 배우 레오나르도 디카프리오의 입을 통해 간단히 들어볼 수 있다. 2016년 디카프리오는 오스카 남우주연상을 수상하며 그 소감으로 이렇게 말했다.

> 기후변화는 현실입니다. 지금 이 순간에도 일어나고 있죠. 전 인류와 동물을 위협하는 가장 긴급한 사안이며 전 세계가 힘을 합쳐 이 문제 해결을 더 이상 미루지 말아야 합니다. (…) 이렇게 훌륭한 상을 주셔서 정말 감사합니다. 우리 지구의 가치를 잊지 맙시다. 저도 오늘 밤 이 자리의 가치를 잊지 않겠습니다.

그렇다. 기후변화는 현실이다. 매일 피부에 닿는 기온에서, 숨 쉬는 공기의 질에서, 그리고 계절의 변화에서 우리는 지구환경이 끊임없이 변해왔고, 또 계속 변하고 있음을 느낀다. 이는 곧 이토록 소중한 지구를 연구하는 학문 또한 우리 생활 가까이에 밀착되어 있음을 의미한다. 지구의 상당 부분을 차지하고 있는 바다에 대한 학문이 특히 그러하다.

해양과학자들은 종종 실험실이 아닌 세계 도처의 바다를 누빈다. 해양관측 장비들이 가득한 연구 조사선에 승선해 현장 장비들이 측정한 데이터들을 직접 수집하고 분석한다. 개인적으로도 해양관측 연구를 위해 처음 배를 탄 1999년부터 박사 학위 직후인 2007년까지는 우리나라 주변 바다에서, 이후 2014년까지는 동태평양의 캘리포니아, 남태평양의 프랑스령 폴리네시아 제도, 열대 서태평양의 솔로몬 제도, 열대 대서양의 캐리비안, 즉 카리브해와 서아프리카 등의 해역에서 활동했다. 그리고 다시 2015년부터는 우리나라 주변 바다인 동해, 동중국해와 서태평양, 열대 인도양, 남극 주변해에서 승선 관측 활동 중이다.

그러나 일반 대중의 경우 이처럼 바다, 아니 지구 자체를 일상에서 피부로 느끼기가 쉽지 않다. 가장 쉽게 접할 수 있는 방법은 아마도 구글 어스Google Earth일텐데, 이를 통해서는 현재 내 위치와 집 주변, 건물, 가까운 집 앞의 길부터 내가 사는 도시, 이웃 나라, 지구 반대편의 나라뿐만 아니라 지구 전체의 모습까지 볼 수 있다.

이렇게 본 지구의 모습은 흔히 말하듯 푸른 행성 그 자체다. 상당 부분이 바다로 덮여 있기 때문이다. 그중 가장 큰 대양인 태평양은 지구상 모든 대륙의 육지를 깎아서 채워보려고 해도 다 메울 수 없는 거대한 크기다. 여기에 지구상 넓은 면적을 차지하고 있는 네 개의 대양을 합쳐 오대양이라고 부른다.

이들은 차지하는 면적도 넓지만, 평균 수심도 육상의 평균 해발고도에 비해 월등히 깊기 때문에 그 안에 엄청난 부피의 바닷물을 담고 있다. 이 거대한 부피의 바닷물 속에서는 우리가 알든지 모르든지 지금도 수많은 자연과정들이 끊임없이 작동 중이다. 그 일면만 보아도 숨이 막힐 것 같은 장대한 바다를 보고 있으면, 그야말로 지구는 언제까지고 이처럼 푸른 행성으로 남을 것만 같다.

그러나 푸른 행성 지구는 지금도 계속해서 변하고 있다. 과거에 없었던 새로운 성격의 자연재해가 등장하는가 하면, 기후변화로 매년 각종 기록을 갱신하고 있으며, 가용 자원의 고갈 위험과 함께 거대 쓰레기와 같은 지구환경 오염 문제에 처해 있다. 그렇다. 우리는 이제 병들어가고 있는 지구를 더 이상 외면해서는 안 되는 시점에 와 있다.

여기에서는 태풍, 지진, 쓰나미로 대표되는 자연재해에 대한 오해와 진실에서부터 현안으로 떠오른 미세먼지와 지구온난화 문제, 지속 가능한 생존을 위협하는 거대 쓰레기와 자원 및 식량 부족의 사안까지 다루며 위기의 지구를 진단하고자 한다. 그리고 마지막으로 바다에서 수집한 관측 데이터를 통해 지구가 처한 문제점들을 어떻게 해결할 수 있을지, 그 문제를 풀기 위한 시작점을 '과학'에서 제시하고자 한다.

모든 문제에는 답이 있다. 지구의 위기에도 희망은 있다. 그리고 단언컨대, 결국 희망은 '바다'에 있다.

2020년 6월

남성현

1부

자연 재해에

현명하게 살아남기

- 태풍, 지진, 쓰나미

자연은 그 무엇도 의도하지 않았다. 자연이 지나간 자리에 인간이 서 있었을 뿐이다. 자연재해가 재난이 되고 더 나아가 재앙이 되지 않기 위해서는 자연의 움직임을 이해하는 것이 그 시작이다.

자연현상에는 목적이 없다

자연현상에서 재해, 재난, 재앙으로

자연재해란 무엇일까? 위키백과에서는 폭풍, 홍수, 해일, 지진, 산사태 등 자연현상으로 인명 피해, 재산 손실 및 시설물의 피해가 발생해 사람이 활동에 영향을 받는 것이라 정의한다. 즉 인간의 생명과 재산을 위협할 경우에만 자연재해로 분류되며, 그렇지 않을 경우에는 자연현상 자체일 뿐이다. 자연재해를 자연현상으로 인한 재앙이라는 의미의 천재지변으로 부르는 것도 같은 이유다.

원래 자연현상은 인류를 해하려는 어떤 의도나 목적을 가진 것이 아니다. 자연재해는 지구 시스템의 작동 원리에 따라 발생하고 있는 자연현상을 인간이 잘 이해하지 못해 생명과 재산 피해를 입은 결과 발생한다. 따라서 자연재해는 세계 인구의 증가와도 밀접한 연관을 가질 수밖에 없다. 자연재해에 취약한 곳에 예전보다 더욱 많은 사람이 살고 있다는 것은 그만큼 자연재해도 더 빈번히 발생할 수밖에 없다는 것을 의미한다.

이런 자연재해는 영화의 소재로도 자주 사용되어, 재난 영화라는 장르로 분류되기도 한다. 외국영화 중에서는 〈폼페이Pompeii〉와 〈볼케이노Volcano〉가 화산 폭발, 〈투모로우The Day After Tomorrow〉가 기후변화에 따른 빙하기 도래, 〈퍼펙트 스톰Perfect Storm〉과 〈트위스터Twister〉가 폭풍과 토네이도 강타를 소재로 한다. 우리나라의 〈해운대〉 또한 쓰나미라는 지진해일을 소재로 한 영화다. 이처럼 자연재해가 영화 소재로도 빈번히 사용되는 것은 자연이 인간에게 행사하는 영향력과 공포심을 드러내준다.

그렇다면 자연재해를 예방하기 위해서는 어떤 노력이 필요할까? 무엇보다 자연현상 자체에 대한 지구과학적인 지식을 쌓는 것이 우선이다. 지구의 작동 원리를 알아야 화산, 지진, 쓰나미 등의 자연재해를 미리 예측하고 재난과 재앙으로부터 대비할 수 있기 때문이다. 따라서 여기에서는 자연현상에 대한 지구과학적인 이론 또한 함께 짚고 넘어가고자 한다.

먼저 재해harzard, 재난disaster, 재앙catastrophe이라는 용어를 각각 구분할 필요가 있다. 재해는 인명이나 재산에 피해를 줄 수 있는 자연현상이나 자연과정을 의미한다. 자연현상이나 자연과정 자체는 재해가 아니지만 그것이 해당 지역에 살고 있는 사람들에게 해를 끼치면 재해가 된다. 재난은 재해가 어떤 지역에서 한정된 시간에 걸쳐 발생해 그것이 사회에 영향을 끼친 것을 의미한다. 즉 자연현상이 사람과 관련되어 재산 피해, 부상이나 사망 등의 인명 피해로 이어진 것으로 자연현상 자체보다 사회적 영향에 더 초점을 둔다. 마지막으로 재앙은 심각한 재난을 의미하며 재앙을 복구하는 데는 수많은 비용과 시간이 필요하다.

또한 방재防災와 방제防除 용어도 구분해서 사용할 필요가 있다. 방재는 폭풍, 홍수, 지진, 화재 따위의 재해를 막는 일로 정의되며, 이미 일어났거나 진행 중일 경우 또는 일어날 것이 확실시되는 경우 재난을 막거나 대처하는 것을 의미한다. 즉 현재진행형의 '행위'로서 사용한다. 반면 방제는 재앙을 미리 막아 없앤다고 정의되는 만큼, 예방을 통해 재앙의 근원을 막아 그런 일이 아예 발생하지 않도록 하는, 미래형의 '의미'로 사용한다. 따라서 태풍, 폭풍, 지진, 화재 등은 미리 막아 예방할 수 없고 최소한의 대비만이 가능하기 때문에 방재라는 용어를 사용하는 것이 적절하다.

그렇다면 왜 우리는 자연재해를 이해해야 할까? 가장 중요한 이유가 무엇일까? 무엇보다 동일하고 유사한 자연현상도 대비의 정도에 따라 인명과 재산 피해의 정도에서 큰 차이가 나기 때문이다. 자연재해는 지구 내부와 표면에서 작용하는 거대한 어떤 힘에서 기인하는데, 이때 지구 내부 및 외부의 자연과정이 곧 자연현상을 말한다. 따라서 자연재해 분석을 통해 재해 발생의 징조 혹은 전조를 미리 파악하는 것이 무엇보다 중요하다.

이를 통해 재해 지도나 재해 위험 지도를 그려내고, 재해의 예측 및 예보 시스템을 마련해 재해 경보나 경고를 미리 발동한다면 인명이나 재산 피해를 상당히 줄일 수 있다. 실제로 1985년 11월 콜롬비아 아르메로에서는 네바도델루이스 화산이 폭발해 2만 5000여 명이 사망하기에 이르렀는데, 화산 폭발 한 달 전에 용암류나 화쇄류 등의 분출 경로 등을 정리한 화산 재해 지도가 만들어지기도 했다.

이런 자연재해는 비단 다른 나라에서만 일어나는 일이 아니다. 지금 지구는 전 세계적으로 유례없는 자연재해를 앓고 있다. 자연재해를 지진, 화산, 쓰나미 등의 지구물리적 재해, 폭풍, 대류 등의 기상학적 재해, 홍수, 산사태 등의 수문학적 재해, 폭염, 가뭄 등의 기후적 재해로 나누었을 때 2015년 한 해 동안에 전 지구적으로 일어난 지구물리적, 기상학적, 수문학적, 기후적 자연재해는 총 1060건에 이른다.[1] 우리나라도 태풍, 홍수, 가뭄, 폭설, 지진, 산사태, 우박, 폭염, 집중호우 등의 적지 않은 자연재해가 계속 일어나고 있고 이로 인한 인명 및 재산상의 피해를 입고 있다.

지구를 움직이는 다섯 가지 순환

자연재해를 일으키는 원동력은 무엇일까? 그 힘의 근원에는 크게 지질 순환geological cycle, 구조 순환tectonic cycle, 암석 순환rock cycle, 수문 순환hydrologic cycle, 생지화학 순환biogeochemical cycle 다섯 가지가 있다.

지구의 껍질에 해당하는 부분, 즉 땅이라고 알고 있는 지각은 크게 대륙지각과 해양지각으로 나뉜다. 그런데 해양지각은 대륙지각보다 밀도가 높아 이 두 지각이 서로 만나는 섭입대subduction zone에서는 해양지각이 대륙지각 밑으로 파고드는 형태를 보이게 된다. 이처럼 지질 환경과 물질 사이의 지질 순환은 자연현상의 형태나 위치, 강도를 결정하는 중요한 요인이 된다. 지각의 아래로는 암석권이 이어지고, 그 밑으로는 맨틀의 물질이 부분적으로 용해된 연약권에 이어 맨틀이 존재한다. 더 깊숙이에는 외핵과 내핵이 존재하는데 중심부로 갈수록 밀도가 점점 높아진다.

이런 내부 구조 안에서는 맨틀의 대류에 의해 지각이 이동하는 현상이 일어나는데, 이를 이른바 판구조론plate tectonics이라고 한다. 판구조론에 따르면 지구는 유라시아판, 아프리카판, 오스트레일리아-인도판, 태평양판, 남극판, 아메리카판 등 10여 개의 판으로 이루어져 있으며, 이들은 서로 상대적인 움직임을 하고 있다. 판구조론은 대륙이동설의 증명과 지진 원인 분석에 기여하는 등 지구환경을 새롭게 이해하는 계기를 마련했다.

판구조론에 따르면 지각은 상대적으로 이동하는 과정에서, 서로 모이는 수렴경계convergent boundary를 이루거나 멀어지는 발산경계divergent boundary를 이루기도 하고, 생성이나 소멸 없이 수평으로 이동하는 변환단층경계transform fault

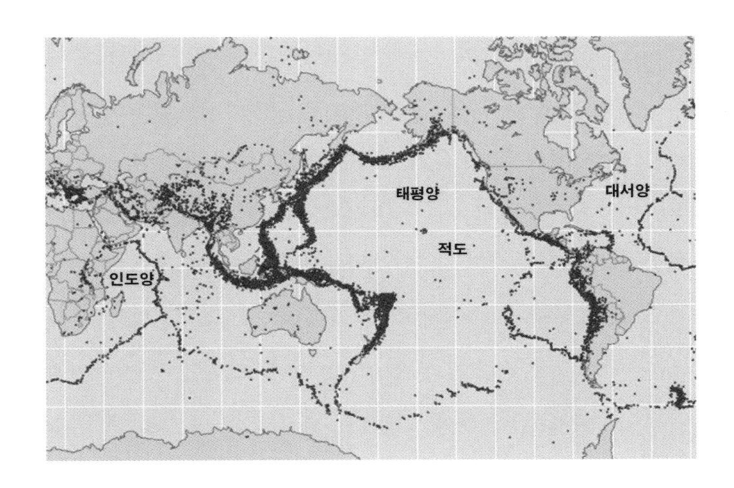

'불의 고리'라고 불리는 환태평양조산대

boundary 또는 보존경계conservative boundary를 이루기도 한다. 그리고 이 중 주로 수렴경계에서 화산과 지진이 많이 발생하는데, 이에 따라 태평양 주변에는 화산대와 지진대가 고리 모양으로 중첩된 넓은 지역이 나타난다. 이곳을 이른바 '불의 고리'라고 부른다.

다음으로 하와이처럼 고정된 위치에서 마그마를 분출하는 곳을 열점hot spots이라고 하는데, 분출된 용암이 수면 위에서 냉각 및 응고되면 산이 된다. 이때 수면 아래에 있는 것을 해산sea-mount이라고 하며, 하와이에는 이런 과정을 통해 만들어진 해산들이 상당히 많다. 이들 해산은 일렬로 정렬된 모습을 띠는데, 열점이 고정되어 있어도 태평양판이 움직이며 해산도 함께 이동하기 때문이다. 이처럼 판구조론에서 이야기하는 지각의 움직임을 구조 순환이라 한다.

다음으로 암석 순환에서 암석이란 지각을 구성하고 있는 단단한 물질로 크게 화성암igneous rock, 퇴적암sedimentary rock, 변성암metamorphic rock으로 나뉜다. 화성암은 마그마의 분출 후 냉각 및 응고되어 만들어진 암석으로, 화성암이 풍화 및 침식 작용에 의해 고화가 되면 퇴적암이 된다. 그리고 다시 화성암이나 퇴적암이 땅속 깊은 곳에서 고압 또는 고열로 화학적 작용을 받으면 변성암이 된다. 암석 또한 이처럼 계속 순환을 하는 것이다.

물 또한 순환한다. 구름 속의 수증기가 비로 지표면에 뿌려지면 이것이 강이나 지하수로 흘러들어가 바다로 나가게 되고, 이는 다시 증발해 구름을 만든다. 이를 물의 순환, 즉 수문 순환이라고 한다. 지구상의 물은 97퍼센트가 바다에 있지만, 이외에도 대기나 강, 하천, 지하수, 호수, 만년설, 빙하 등 여러 형태로 존재하며 고정되어 있는 것이 아니라 계속 순환한다. 이때 물이 순환하는 과정에서 대기, 호수, 하천 등의 특정 수문 시스템을 통과하는 데 걸리는 평균적인 시간을 체류 시간residence time이라고 한다.

뿐만 아니라 탄소, 질소, 인 등의 화학원소들도 순환을 한다. 이들은 대기권, 암석권, 수권, 생물권을 통해 한 가지 또는 여러 요소들이 이동하고 순환하는 모습을 띤다. 우리가 호흡할 때 마시는 산소와 내뱉는 이산화탄소의 이동을 상상해보면 이해하기 쉽다. 이때 한 시스템에서 다른 시스템으로 이동률, 즉 각 저장소 사이의 화학원소의 이동률을 유동률flux이라고 한다.

자연재해를 이해하기 위한 다섯 가지 개념

앞서 자연재해는 인명 또는 재산 피해가 발생했을 때 사용하는 개념이며 이는 자연현상과 구분해야 한다고 했었다. 이로써 보면 자연재해의 역기능을 무조건 자연현상의 역기능이라 볼 수는 없다. 즉 자연현상을 어떻게 활용하느냐에 따라 순기능으로 바꿀 수도 있는 것이다. 재해로 막대한 인명과 재산 피해를 줄 수 있는 자연은, 역설적으로 우리에게 혜택을 제공하기도 한다. 이를 자연서비스 기능natural service function이라고 한다.

예를 들어 주기적으로 홍수가 발생하면 자연 제방이 만들어지고 범람원에는 영양분이 제공되어 비옥한 토양이 형성된다. 또한 하와이 열도와 같이 화산 폭발로 새로운 섬이 생성되기도 한다. 뿐만 아니라 화산재는 영양분이 풍부해 곡물과 식물에 적합한 토양을 형성해준다. 태풍 또한 심층의 영양염을 표층의 유광대euphotic depth로 공급하는 역할을 해, 식물성 플랑크톤들이 광합성을 통해 산소를 만들어낼 수 있는 환경을 조성한다. 숲보다 훨씬 더 많은 산소가 사실은 바닷속의 플랑크톤들을 통해 만들어진다.

이처럼 자연의 원리를 잘 알고 활용하면 자연재해 또한 얼마든지 인류에게 이로운 자연현상임을 받아들일 수 있게 된다. 따라서 자연재해를 이해하기 위한 다섯 가지 기본 개념을 기억할 필요가 있다.

첫째, 재해 발생은 과학적인 평가로 예측할 수 있다. 과학적으로 왜, 어디에서, 어떻게 재해가 발생했는지를 평가하면 향후 유사한 재해를 예측할 수 있기 때문이다. 즉 모든 것은 과학에서부터 출발해야 한다는 것이다.

둘째, 위험 분석은 재해의 피해 효과를 파악하는 데 아주 중요한 작업이다. 이는 앞서 이야기한 재해 위험 지도를 작성하기 위해서도 반드시 필요한 단계다. 재해 위험 지도를 통해 재해 대비도를 얼마든지 높일 수 있을 것이다.

셋째, 재해와 물리적인 환경, 그리고 서로 다른 재해들 사이에는 밀접한 관련이 있다. 태풍이 지나간 후에 집중호우가 내리고 이 때문에 홍수와 산사태도 벌어지는 것처럼 재해는 동시다발적으로 발생한다. 또한 암석이나 토양의 구성 물질에 따라 산사태의 발생 여부도 달라지기 때문에 물리적인 환경과도 밀접한 관련이 있다.

넷째, 과거에 재난을 일으켰던 재해가 이후에 더 큰 재앙을 몰고 올 수 있다. 똑같은 재해가 벌어졌다고 해도 그 사이 토지 이용 등의 환경적 요인이 바뀌었다면 피해의 형태는 달라질 수밖에 없다.

다섯째, 재해 피해는 줄일 수 있다. 무엇보다 가장 중요한 개념으로, 재해 피해는 노력에 따라 얼마든지 줄일 수 있다.

이런 기본 개념을 토대로 이제부터는 구체적인 사례와 함께 조금 더 자세히 살펴보고자 한다.

인간만을 향한 자연재해

악마의 선택인가, 모두의 최선인가

자연재해는 전 지구적인 자연현상인 만큼 과학적인 이해를 통해서 어느 정도 예측하고 예방할 수 있다. 만약 대규모의 자연현상 가까이에 많은 인구가 거주하고 도시화나 산림 벌채 등을 통해 토지 이용도가 바뀌면 그 피해는 더 증폭되어 자연재해로 나타날 수밖에 없다. 인명이나 재산의 피해를 줄이기 위해서는 발생 가능한 자연재해 과정을 파악한 후 정보들을 정책 입안자와 의사 결정자에게 제공함으로써 정책적인 면에서 피해를 최소화하는 방안을 마련해야 한다. 즉 과학에서부터 출발해 자연재해 과정을 파악하려는 자세가 무엇보다 중요하다.

그러나 자연재해는 인간의 행동이 아닌 자연적인 과정에서 발생하기 때문에 재해로 인한 피해를 줄이려고 노력할 때마다 근본적인 장벽을 만나게 된다. 인간이 태풍 강도를 낮추는 것은 추측건대 절대 불가능할 것이다. 태풍의 경로와 강도를 예상하고 강풍과 호우에 대비하는 방안을 마련하는 것이 할 수 있는 최선이다. 어느 정도 조절하는 것은 가능할지 모르지만, 대부분의 자연재해는 완전히 우리의 통제 밖에 있다.

따라서 자연재해를 줄이기 위한 가장 좋은 방법은 재해 과정, 발생 가능 지역 등을 정확히 파악하는 것이다. 특히 지진과 같이 우리가 통제할 수 없는 재해로부터 인명과 재산을 안전하게 지키려면 과학적인 이해를 통해 그 과정을 미리 파악하는 데 노력을 기울여야 한다. 과학적으로 미래를 어느 정도 예측할 수 있게 되면 경보를 통해 많은 사람들이 대비할 수 있게 되고, 이것이 바로 인명 및 재산 피해를 최소화하는 방법이다.

이때 주어진 정보를 최대한의 정확도로 예측하는 것이 무엇보다 중요하지만, 자연재해를 예보하는 것은 그리 쉬운 일이 아니다. 어떤 자연재해들은 정보가 충분해 예측 및 예보가 가능하기도 하지만, 어떤 재해들은 자료 자체가 불충분한 경우도 있다. 이때는 유사한 재난의 발생 지점과 시기 등의 분석 결과를 통해 발생 확률과 피해 규모를 추측할 수밖에 없다.

이런 자연재해 경보 과정은 크게 세 단계로 구분할 수 있다. 먼저 자연재해 위치를 파악하는 것을 최우선적으로 진행한다. 이후 특정 규모의 사건이 어느 정도의 확률로 발생할지를 결정하고, 마지막으로 전조 현상이 있는 경우 이를 파악해 예보 및 경보를 발령한다.

2011년에 미국에서 미시시피강의 모간자 방수로 수문을 개방한 경우를 하나의 사례로 들 수 있다. 미국 중부에 일어난 홍수로 미시시피강의 수위가 급격히 상승하자 하류에 위치한 대도시 뉴올리언스 등은 수몰될 위기에 처하게 된다. 그렇다고 무턱대고 수문을 개방할 수만도 없었는데, 물줄기를 남서쪽으로 바꾼다면 소도시 모건시티, 후마 등의 침수가 불가피했기 때문이다.

고심 끝에 결국 모건시티, 후마의 주민들을 미리 대피하도록 조치한 후 수문을 개방했고, 뉴올리언스 등의 대도시는 수몰될 위기에서 구해졌다. 소도시와 농경지를 희생양으로 삼았다는 점과 사후 보상 문제 등으로 '악마의 선택'이라는 비판을 받기도 했지만 이 또한 과학적 예측을 통해 자연재해를 경보하고, 피해를 최소화하려 했던 사례로 볼 수 있다. 이처럼 자연재해의 특성을 이해하기 위해서는 무엇보다 과학적인 접근을 우선적으로 고려해야 한다.

소 잃기 전 외양간 보수하는 방법

자연재해의 피해 효과를 파악하기 위한 위험 분석은 선제적인 대응을 위해 특히 중요한 작업이다. 전 지구적인 자연재해의 규모가 점차 커지고 있는 만큼 위험 분석에 대한 활용 수요 또한 앞으로 더욱 증가할 것으로 보인다. 위험이란 어떤 사건의 발생 확률과 그 사건이 일어날 경우 입게 될 피해 결과를 곱한 기댓값으로 정의할 수 있다. 자주 일어나지는 않지만 한 번에 엄청난 피해를 주는 자연재해가 있는가 하면, 피해는 그리 크지 않아도 자주 벌어지는 재해도 있기 마련이다. 따라서 위험 분석에서는 이 둘을 모두 고려한다.

피해 결과는 인명, 재산, 경제활동, 공공서비스 등에 대한 손해 등 다양한 규모로 표현 가능하며, 위험 분석 시 이런 발생 가능한 모든 경우의 수를 고려해야 한다. 누구도 미래를 정확하게 알 수 없기 때문에 자연재해는 가능한 시나리오별로 모두 대비하는 것이 중요하다.

그런데 위험 중에서는 사람들이 어느 정도 감수하는 위험인 수용 위험acceptable risk도 있다. 이는 사회나 개인이 기꺼이 받아들이는 위험으로 상황에 따라 달라지기에 그 결정과정이 복잡하다. 자연재해가 발생했던 지역이라도 이를 감수할 만큼의 다른 혜택이 있다면 사람들은 그곳을 완전히 떠나지 않기 때문이다.

앞서 자연재해와 물리적인 환경, 그리고 서로 다른 재해들 사이에는 밀접한 관련이 있다고 했지만, 재해는 운이 안 좋았다고 표현할 정도의 외관상 서로 무관해 보이는 불규칙적인 자연현상으로도 촉발된다. 따라서 특정 자연재해에 대한 이해에 머무는 것이 아닌, 여러 가지 재해를 종합적으로 파악하고 분석하는 작업이 필수적으로 이루어져야 한다.

예를 들어, 해수면이 평소보다 상당히 높아진 대조기의 만조 시에 공교롭게도 태풍까지 내륙에 상륙한다면 어떨까? 저기압과 폭우로 수위는 더욱더 상승하고 동시에 강풍과 큰 파도로 홍수까지 발생할 확률이 커지게 된다. 더구나 이때 폭우는 해안의 침식과 산사태 또한 야기할 수 있다. 자연재해들 사이의 상호작용으로 피해가 증폭되는 것이다.

이는 또한 지구 물질과도 관련되어 있다. 퇴적암은 느슨하게 교결되고 다져진 점토 입자로 이루어져 있는데 이때 셰일이 노출되면 산사태가 일어나기 쉬우며, 강하고 단단한 화성암의 하나인 화강암은 암석 내의 큰 파쇄대를 따라 미끄러지기 쉽다. 즉 암석의 구성 물질이 무엇인가에 따라서도 자연재해의 정도에 차이가 있다.

뿐만 아니라 과거에 재난을 일으켰던 자연재해는 이후 더 큰 재앙을 몰고 올 수도 있다. 인구와 자원이 밀집될수록 주기적으로 발생하는 지진, 홍수 등 자연재해들에 대한 피해는 증가하는 경향을 보인다. 세계에서 가장 인구가 많은 도시 중 하나인 멕시코시티의 지진이 그 실제 사례다.

멕시코시티는 약 2300제곱킬로미터 면적에 약 2300만 명이 거주하며 평균 다섯 명으로 이루어진 한 가정 중 3분의 1은 단칸방에 거주하고 있는 도시였다.[2] 지층은 예전 호수층이고 몇몇 지역은 지하수 사용으로 매년 수센티미터씩 침하되었을 뿐만 아니라 침하율도 균일하지 않아 기울어진 건물이 있는 등 지진에 취약한 상태였다. 이런 상황에서 1985년 9월 규모 8.1의 지진이 일어났고, 무려 1만여 명이 사망하는 재앙을 입고 만다. 이는 똑같은 자연재해라도 인구의 규모에 따라 피해는 더욱 가중될 수 있다는 것을 보여준다. 이런 상황에서 세계 인구가 최근 70년 사이에 세 배 증가했다는 것은 자연재해와 관련해 많은 것을 시사한다.[3]

그렇다고 절망만 있는 것은 아니다. 자연재해의 피해는 충분히 줄일 수 있다. 지금까지 우리의 대처는 소 잃고 외양간 고치기였다. 이미 자연재해가 벌어지고 난 후에 대응하는 반작용적인 형태였던 것이다. 이런 사후적인 대응 방식은 비상 상태, 복원 및 재건 기간으로 이어지는 상당히 긴 시간 동안의 복구 과정이 필요하다. 그런 만큼 재해 발생 후 복구 단계에서 비상 작업, 공공서비스, 통신 설비 복원 및 재건에 투입되는 비용은 상당히 클 수밖에 없다. 이 경우 예방하는 비용보다 훨씬 과도한 비용을 사용할 수밖에 없다. 따라서 한 차원 높은 자연재해 경감을 위해서는 재난과 그 피해를 예방하려는 노력이 중요하다.

이를 위해서는 자연재해의 예방과 조절을 위한 대비가 무엇보다 필요하다. 먼저 토지 이용도 계획을 통해 산사태나 홍수, 지반 침하에 취약해지지 않도록 토지의 특성을 잘 파악해 계획적으로 토지를 사용해야 한다. 보험을 통해 피해가 발생했을 경우에 투입해야 할 재원을 미리 확보해두는 것 또한 중요하다. 대피와 재난 대비 계획을 미리 세우고, 자연현상을 인공 조절하는 방법을 개발하는 것 또한 재해에 대한 피해를 예방하기 위한 방안들이다. 사전 대비만이 한 단계 더 높은 차원의 예방이 된다.

자연재해의 피해는 사회적이다

인구 증가가 더 큰 자연재해를 몰고 올 수 있다면, 재해에 노출된 지역의 인구는 감소하고 있을까? 결론부터 말하자면, 반드시 그렇지는 않다. 사회나 개인이 이를 기꺼이 받아들이는 수용 위험이라고 판단할 경우 자연재해와 상관없이 인구는 계속 증가할 수 있다. 물론 그 밑바탕에는 많은 경우 나에게는 그런 일이 일어나지 않을 것이라는 근거 없는 믿음이 자리하고 있기도 하다.

전 세계의 인구 분포 정도를 보면, 세계적으로 도시 및 해안가로 인구가 밀집되고 있다는 것을 알 수 있다. 자연재해 위험성의 관점에서 보면 재해에 노출된 지역의 인구가 오히려 점차 증가하고 있는 셈이다. 해안가는 태풍으로 해수면이 상승하면 해일 등의 자연재해를 입을 가능성이 높은 지역이다. 더욱이 정부 기관과 기업들이 앞다투어 도시 안으로 오면서 결과적으로 도심지는 자연재해에 크게 노출된, 쓸모없는 변두리까지 팽창하며 커지고 있다.

일본 도쿄 요코하마의 인구는 4000만 명에 육박하며, 인도네시아 자카르타의 인구도 3000만 명에 이른다. 그리고 인도 델리에 이어 우리나라 서울 및 인천 또한 2000만 명이 넘는 인구가 밀집되어 있다.[4] 우리는 세계에서 손에 꼽힐 정도의 인구 밀집 지역에 살고 있는 것이다.

세계적으로도 인구는 1830년에 10억 명에서, 1900년에는 16억 명, 1930년에는 20억 명, 1960년에는 30억 명으로 증가했으며, 그 이후로도 계속 10년에 약 10억 명씩 급증해 오늘날에는 70억 명에 육박한다. 북아메리카, 남아메리카, 유럽 및 오세아니아, 아프리카, 인도, 중국 등 선진국뿐만 아니라 후진국까지 세계 모든 인구가 팽창함과 동시에 더 위험한 대도시 및 해안가 지역으로 인구가 유입됨에 따라 동일한 자연재해에 대해서도 더욱 큰 규모의 인명 및 재산 피해가 발생할 수밖에 없는 것이다.[5] 이에 따라 선진국에서는 주로 자연재해 비용이, 후진국에서는 재해로 인한 사망자 수, 2차 인명 피해, 질병의 확산, 삶의 질 저하, 빈곤의 심화 등의 악순환이 증가하고 있다.

지구물리학자 존 C. 머터John C. Mutter는 『재난 불평등The Disaster Profiteers』에서 자연재해의 피해는 사회적이라는 점을 지적한다.[6] 2010년 1월 아이티에서는 진도 7.0의 지진으로 무려 30만 명이 사망했지만, 같은 해 2월 칠레에서는 진도 8.8의 지진으로 525명이 사망했다.[7] 물론 칠레의 지진 또한 500명 이상이 사망한 큰 자연재해지만 아이티 지진과 비교해보면 더 큰 규모에도 피해는 훨씬 적었다는 것을 알 수 있다. 즉 지진은 자연현상에 의해 만들어졌지만, 피해는 사회적인 것이다.

또한 머터는 2005년 8월 미국의 뉴올리언스가 허리케인 카트리나로 수백 명의 사망자와 이재민이 발생하고 상당한 재산 피해를 겪었던 것을 사례로 들며, 이때 재건 사업으로 가장 큰 이득을 본 사람들이 부시 행정부의 측근들이라고 이야기한다. 객관적인 사실 여부는 검증이 필요하겠지만, 이것은 자연재해의 피해가 사회적이기 때문에 자연과학을 벗어나 정치, 경제, 사회 모든 관점으로 접근하고 이해해야 한다는 것을 의미한다. 자연과학과 사회과학을 모두 포괄한 융복합과학적 접근이 필요하다는 뜻이다.

머터는 이처럼 자연과학과 사회과학이 맞닿는 지점을 이론물리학자 리처드 파인먼Richard Feynman의 이름을 딴 '파인먼 경계Feynman line'라고 명명한다. 파인먼이 그랬던 것처럼 자연과학과 사회과학의 융합을 통해 전 지구적인 자연재해, 나아가 오늘날의 지구환경의 문제를 풀어나갈 수 있어야 한다는 것을 의미한다.

자연재해의 피해를 물리적으로 경감시키기 위해서는 크게 제도적 방안과 기술적 방안 두 가지를 사용할 수 있다. 특정 지역에서 건축을 규제하는 건축 금지 구역을 설정하거나 건물과 인명 피해를 최소화할 수 있는 엄격한 건축 규정을 제정해 제도적으로 정비하는 것과 더불어, 제방과 콘크리트 구조물에 의한 방파제 및 배수망을 구축해 기술적으로도 적극적인 방재를 이루어야 한다. 뿐만 아니라 정책적인 변화와 계몽 활동도 소홀히 해서는 안 된다. 특히 빈곤국에서는 자연재해 위험 지역에서의 거주 제한 규정이나 경고 제도 강화 등의 정책만으로 재해 경감이 곤란하기에, 재난 대비 훈련 등 재해에 대한 기초 지식 전달이 반드시 뒷받침되어야 한다.

막을 수 없는 비바람과 흔들리는 땅

태풍에 따라 강풍과 호우도 제각각

지금까지 자연재해의 기본 개념을 이해했다면, 이제부터는 구체적인 사례를 통해 태풍, 지진, 쓰나미의 실체를 살펴보자. 태풍은 풍수해가 잦은 우리나라에서 가장 흔하게 접하는 자연재해로, 서태평양에 나타나는 열대성저기압tropical cyclone을 지칭하는 것이다. 열대성저기압은 발생 해역과 영향 범위에 따라 태풍typhoon, 허리케인hurricane, 사이클론cyclone 등으로 불린다.

세계기상기구WMO에서는 최대 풍속이 초당 17미터 미만의 경우 열대저압부tropical depression, 17~24미터의 경우 열대폭풍tropical storm, 25~32미터의 경우 강한 열대폭풍severe tropical storm, 33미터 이상의 경우 태풍이라고 부른다. 그러나 우리나라와 일본에서는 초당 17미터 이상의 경우를 모두 태풍이라고 칭한다.

태풍은 열대 해역에서 나타나는 열대성교란tropical disturbance이 열대 저압부에서부터 발달하며 형성되는데, 수온이 높은 열대 해역의 해양으로부터 잠열, 즉 숨은열 형태로 에너지를 공급받아 강해진 후 이동하다가 육상에 상륙하면 빠르게 에너지를 잃어 강도가 크게 약해진다. 즉 태풍의 발생도 열대 해양이 가진 에너지에 기인하는 것이다.

태풍은 기본적으로 눈eye 중심의 나선형 구조를 지닌다. 북반구에서는 반시계 방향, 남반구에서는 시계 방향으로 회전하는데 이때 중심부 최대 풍속 부근에 상승 기류가 강하게 생기면서 두터운 적란운이 만들어져 많은 양의 비가 내리게 되고, 상층부에서는 반대로 중심에서부터 발산하는 기류가 생기게 된다. 이때 태풍의 눈에서는 하강 기류로 맑은 상태가 유지된다.

이런 태풍은 눈 주변의 최대 풍속에 따라 강도를 약, 중, 강, 매우 강으로 분류하며, 강풍 반경에 따라 크기를 소형, 중형, 대형, 초대형으로 구분한다. 이처럼 크기와 강도는 다른 개념이기 때문에 강한 소형 태풍, 약한 대형 태풍 등 서로 무관한 두개의 기준으로 그 특성을 구분할 수 있다.

그렇다면 일반적으로 강한 대형 태풍의 경우 피해가 가장 크다고 볼 수 있는데, 약한 대형 태풍과 강한 소형 태풍 중에서는 어느 쪽이 더 인명 및 재산 피해가 클까? 약한 대형 태풍이란 강도는 약하지만, 즉 풍속은 상대적으로 작지만 반경이 큰 것이고, 강한 소형 태풍이란 반경은 작지만 국소적으로 집중적인 강한 바람이 부는 것이다.

우리나라에 역대 큰 피해를 줬던 2002년 루사와 2003년 매미가 이 두 가지 태풍의 대표적인 사례다. 루사의 경우 강도도 약한 것은 아니지만 반경이 워낙 커서 한반도 전체가 큰 영향을 받은 반면, 매미는 반경이 좁은 대신 강도가 강했다. 호우와 강풍을 기준으로 이 둘의 피해 정도를 비교해보면, 루사는 넓은 영역에 비를 뿌린 만큼 호우 피해가 더욱 극심했고 매미는 강도가 컸던 만큼 더 큰 강풍 피해를 기록했다. 물론 강도와 크기 외에도 태풍의 이동 속도, 배경 대기, 해표면 수온 조건, 이동 경로 등의 여러 가지 조건에 따라 태풍의 특성은 각기 달라지지만 강도와 크기로 이처럼 기본적인 특성을 구분할 수 있다.

태풍은 최대 풍속이 초당 10~15미터일 때는 약간 강한 바람 정도로 우산을 쓸 수 없을 정도지만, 초당 15~20미터의 강한 바람일 경우에는 바람을 마주하고 걸을 수 없으며 넘어지는 사람도 발생하게 된다. 그리고 대단히 강한 바람인 초당 20~25미터에서는 가느다란 나뭇가지가 꺾이거나 간판이 낙하하고 날아가며, 초당 25~30미터의 경우에는 비닐하우스의 필름이 광범위하게 찢어질 정도가 된다. 초당 30미터만 넘어가도 주행 중인 트럭이 전복될 만큼의 강도를 지녀 엄청난 바람으로 분류된다. 초당 35미터가 넘어가는 맹렬한 바람의 경우는 전봇대 및 가로등이 넘어지고 벽이 무너지는 등 굉장한 피해를 입게 된다.

2003년 9월 12일에 기록된 매미의 최대 순간 풍속이 초당 60미터였던 점을 미루어보면 실로 엄청난 피해를 입혔을 것을 알 수 있다. 루사 또한 2002년 8월 31일 초당 56.7미터의 엄청난 바람을 일으켰던 것으로 기록되어 있다. 또한 루사는 큰 호우 피해를 일으켰는데 2002년 8월 31일 강릉 지역에 기록된 일일 최대 강수량이 870.5밀리미터에 이르렀다. 이에 비해 매미가 2003년 9월 12일 남해에 내린 일일 최대 강수량은 410밀리미터였다.[8] 태풍의 강도와 크기에 따라 강풍과 호우의 피해 정도는 이처럼 다르게 나타난다.

중앙재난안전대책본부의 자료에 따르면 태풍으로 인한 경제적 손실액은 루사 때 12조 1639억 900만 원, 매미 때 11조 1483억 2500만 원에 이르렀다. 사망 및 실종자는 루사 때 270명, 매미 때 148명에 달했으며, 이재민 또한 루사 때 7만 1204명, 매미 때 6만 3133명이었다. 10년 이상의 태풍 피해액 자료를 비교해보면, 이전에 발생했었던 태풍에 비해 상당히 많은 피해가 2002~2003년 두 해에 집중되었다는 것을 알 수 있다. 태풍, 호우, 대설 등 자연재해의 종류별로 구분해봐도 이 두 해에 태풍과 호우로 인한 피해가 집중되어 있다.[9]

관계 부처가 합동으로 작성한 「2017년 이상기후 보고서」에 따르면 2017년 10월 31일 기준 우리나라의 풍수해 보험금은 2006년부터 살펴봤을 때 2007년과 2012년에 가장 많이 지급되었다. 태풍 나리는 2007년 9월 16일 제주에서 일일 최대 강수량 420밀리미터, 이튿날 최대 순간 풍속 초당 52.4미터를 기록했을 만큼 큰 피해를 준 태풍이었다. 또한 2012년 태풍 볼라벤은 호우로 인한 피해는 적었지만

2012년 8월 28일 최대 순간 풍속이 초당 51.8미터로 기록되었을 만큼 강풍을 몰고 왔다.[10]

2012년과 달리 2007년에는 피해가 컸던 것에 비해 보험금 지급이 미미했는데, 2007년에만 하더라도 2012년에 비해 보험 가입자가 많지 않았기 때문이다. 이것이 자연재해에 대한 피해를 예방하기 위해 자연과학적인 부분과 함께 사회과학적인 부분이 뒷받침되어야 한다고 강조했던 이유다. 루사와 매미가 기록한 2002년과 2003년의 극심한 호우와 강풍 피해는 자연과학으로 설명할 수 있지만, 나리와 볼라벤의 피해로 지급된 2007년과 2012년의 보험금 지급액의 차이는 사회과학으로 설명할 수박에 없다.

계절마다 찾아오는 물난리의 기록들

홍수 또한 우리나라의 대표적인 자연재해다. 홍수는 강수 및 그 밖의 여러 요인으로 물이 하천으로 흐르지 못하고 제방을 넘어 하천 이외의 지역을 침수시키는 현상으로 정의되는데, 그만큼 태풍으로 강수량이 늘면 2차적으로 홍수가 발생할 가능성이 크다. 홍수를 종류별로 구분하면 도시화와 도시의 내수 배제 불량으로 생기는 도시 홍수, 강을 따라 자연적으로 발생하는 하천 홍수, 해수의 범람으로 발생하는 해안 홍수, 산악 지역에 단기간 집중호우가 내려 발생기는 돌발 홍수로 나뉜다.

이런 홍수는 태풍 등의 집중호우나 해일로 강수가 과도하거나 겨울철 얼었던 눈이나 얼음이 봄철에 녹는 과정에서, 그리고 도시화를 통해 발생하는데 우리나라의 경우 상당 부분 태풍과 관련이 있다. 이처럼 홍수는 원인별로 구분할 수도 있는데, 크게 기상학적, 지형학적, 사회경제적 요인으로 나뉜다.

기상학적 요인으로는 고온다습한 여름철 북태평양 고기압이나 장마나 태풍 등의 집중호우를 들 수 있다. 지형학적 요인이란 동고서저東高西低의 산악 지형으로 호우가 하천에 집중되고 토양 함수량의 증가로 산사태가 발생하는 것을 말한다. 사회경제적 요인은 지속적인 산업화와 도시화로 자연재해 요인이 증가되는 것을 들 수 있다.

우리나라에서 일어난 가장 큰 홍수는 1984년 한강 대홍수로, 당시 중국에 상륙했던 태풍 준이 원인이었다. 태풍의 크기가 커서 간접권에 포함되는 우리나라에도 많은 비를 뿌렸기 때문이다. 1984년에만 해도 지금보다 대비가 미비했기에 한강이 잠기는 등 큰 피해를 입혔다. 이때는 1904년 중앙기상대 관측 이래 최대의 강수량을 기록해, 9월 1일 열세 시간 동안 서울에 298.4밀리미터의 비가 내려 서울 1일 최고 강수량을 경신했다. 이때 북한의 지원을 계기로 남북경제회담이 열리기도 했는데, 자연재해가 사회적으로 미치는 영향을 여기에서도 느낄 수 있다.

당시 홍수로 서울에만 10만여 명, 전국적으로 20만여 명의 이재민이 발생했고, 189명이 사망하고 150명이 실종되는 등 인명 피해도 컸다. 또한 집계된 것만 2502억 원의 재산 피해가 있었다. 광명시는 1036동의 가옥과 농경지 169헥타르가 침수되고 두 개소의 도로가 유실되는 등 상당한 피해가 곳곳에서 발생했다.

당시 8월 말에는 중국 화남 지방의 열대성저기압이 변질된 상태에서 고온다습한 해양성 기단과 만나면서 전국적으로 많은 비를 뿌렸다. 기록에 따르면 8월 말 중북부 지방의 강수량은 300밀리미터 이상이었다. 이런 상황에 9월 초 태풍 준의 영향으로 중북부 지방에 350밀리미터의 폭우가 내렸고 결국 한강이 역류하고 저지대는 침수하고 만 것이다. 이때 피해로 홍수에 대한 대비를 더욱 철저히 했지만, 이에 무색하게 6년 뒤 한강에는 또 한 차례 대홍수가 발생한다.

1990년 9월 9일부터 12일까지, 3일간 일어난 대홍수의 원인은 1984년과 동일하게 중국에 상륙했던 태풍 도트였다. 당시 기압골이 서울을 통과하면서 한강을 비롯한 중부 지방에 집중적인 피해를 줬는데, 당시 한강 본류의 평균 강수량이 254밀리미터에 육박했을 정도였다. 이는 30년 동안의 평균 강수량 169밀리미터의 몇 배에 이르는 상당한 양이었다. 1925년 을축년 대홍수 이래 최대로, 수위는 11.28미터, 유량은 초당 1만 500세제곱미터에 이르렀다. 1984년처럼 당시에도 인명 및 재산 피해가 어마어마했는데, 이재민 18만 7265명, 사망자 126명, 실종자 37명이 발생했고 일산의 제방이 붕괴되어 고양시의 65퍼센트가 피해를 입는 등 기록된 재산 피해액만 5203억 원이었다.[11]

이처럼 우리나라에서 가장 빈번하게 발생하는 자연재해 중의 하나인 홍수는 주로 태풍에서 기인한다. 그만큼 태풍 예보는 매우 중요할 수밖에 없는데, 태풍 솔릭의 예보를 두고 당시에 오갔던 설전이 이를 잘 보여준다. 솔릭은 2018년 8월 16일 미국 괌 북서쪽에서 발생해 22일부터 우리나라에 영향을 미쳐 24일 동해로 빠져나가는데, 당시 기상청의 예측에 비해 그 세력이나 피해가 약해 태풍 예보의 오차 정도에 대한 우려의 목소리가 적지 않았다.

그러나 오차가 발생한 것을 과학적으로 어긋난 것이라 단정 지어서는 안 된다. 보통 태풍은 무역풍으로 오면서 서쪽으로 이동하다 편서풍을 만나 다시 동쪽으로 꺾이는데, 솔릭이 한반도에 상륙할 때도 제주도 서쪽에서 동쪽으로 꺾이는 모습을 보였고, 이때도 경로는 비교적 정확하게 맞혔다. 사실 선진국을 포함해 우리나라 태풍 예보의 경로 오차는 반경 100킬로미터 이내로 매우 작은 편이고, 특히 최근 20년 동안 더욱 정교해지고 있다. 다만 미국처럼 영토가 크지 않은 우리나라의 경우 이 정도의 오차도 지역적으로는 상당히 큰 차이가 나기 때문에 더욱 엄격한 잣대를 들이대게 되는 것이다.

다만 강도 오차는 아직도 상당히 큰 편인데, 다양한 원인 중 하나는 해표면에서 벌어지는 해양과 대기 사이의 열교환 과정에 대한 이해 부족 때문이다. 황해부터 제주도 서쪽과 남쪽에 이르는 동중국해의 하층에는 수온이 아주 낮은 저층 냉수라 불리는 저온수가 분포되어 있다. 다만 여름철에는 상층이 태양열에 의해서 데워지며 상층 수온은 전체적으로 높은 상태를 보이며, 상하층의 수온 차이가 커지는 수직적인 성층 구조가 잘 발달한다. 즉 여름철에 제주도 동쪽과 달리 서쪽에는 고온수 바로 아래에 수온이 낮은 저온수가 분포하고 있는 상태다.

이렇게 수직적인 수온 성층이 잘 발달한 상황에서 상층만 고수온일 뿐 여전히 하층은 저수온인 제주도 서쪽에 태풍이 오게 되면 빠르게 에너지를 잃는다. 태풍은 강풍으로 바닷물을 섞어주는 역할을 하므로, 상층과 하층의 해수를 혼합시켜 결과적으로 표층 수온이 낮아지게 되는 것이다. 이때 해수에서 에너지를 공급받던 태풍은 오히려 수온이 하강한 해수로 에너지를 빼앗기면서 강도가 급격히 낮아진다. 태풍이 한반도에 상륙하기 직전에는 이처럼 태풍의 급격한 약화가 일어날 수도 있다.

따라서 태풍에 관한 정확한 예보를 위해서는 기상뿐만 아니라 해양에 대한 연구 또한 절실하다. 이에 따라 오늘날에는 태풍에 대한 보다 많은 이해와 자료 수집을 위해 부표를 띄우거나 무인으로 해양을 관측하는 등의 노력을 기울이고 있다. 그러나 해양과학기지와 같은 특별한 시설 없이

상시적으로 해양과 대기의 상호작용 과정을 감시하기는 매우 어려운 실정이다. 관측에 대한 사명감만으로 태풍 상륙이 예고된 시점에 높은 파고 속 악천후의 해양으로 뛰어들 수는 없는 노릇이다. 앞으로 무인 관측 장비 등 더 많은 관측 기술 발전이 필요한 이유다.

한반도는 더 이상 지진과 화산의 안전지대가 아니다

지진은 판과 판이 수렴하는 단층 활동 과정에서 발생하는 만큼 물리적인 환경과 밀접하게 관련되어 있다. 예를 들어, 지하수에 의해 지반이 약해져 액상화된 상태에서 지진이 일어날 경우에는 건물들이 쉽게 무너지고 밀려 내려가며 큰 피해를 초래한다.[12] 일단 지진이 발생하면 단층에서 파열이 시작된 곳인 진앙epicenter과 그 위 지표면의 점인 진원hypocenter을 파악하는 것이 우선이다.

지진이 발생할 때 방출되는 에너지의 크기는 규모 또는 강도로 표현한다. 규모는 모멘트 규모Moment Magnitude Scale, MMS와 리히터 규모Richterll magnitude를 사용해 나타내는데, 2~2.9 규모의 매우 미소한 지진부터 8 이상의 대규모 지진까지로 구분된다. 강도는 피해 기준의 상대 지표인 0~9까지의 진도로 나타내는데, 각 나라마다 서로 다른 기준을 정해 사용한다. 이 중 1902년에 주세페 메르칼리Giuseppe Mercalli가 제안한 10단계 진도는 이후 미국 캘리포니아의 건물들을 기준으로 재정리되었는데, 우리나라는 12단계 '수정 메르칼리 진도'를 2001년부터 사용하고 있다. 이는 진동을 못 느끼고 피해도 없는 1부터 진동과 피해 모두가 극심한 10 이상까지 구분된다.

흔히 지진은 우리나라에서 먼 나라의 일이라 치부되는 경향이 강했으나, 최근에 약하지 않은 강도의 지진이 몇 차례 발생하면서 경각심이 높아졌다. 보통 지진의 규모가 3.0 이상일 경우 실내의 일부 사람이 느낄 수 있는데, 이런 규모의 지진이 20~40여 차례 발생했고 지진으로 일어나는 지면의 진동인 지진동을 사람이 체감한 유감지진의 경우 50~100여 차례 일어났다. 국내에서 규모 2.0 이상의 지진 발생 횟수는 아날로그 관측이 이루어진 1978~1998년 동안 평균 19.2회였으나, 디지털 관측이 시작되며 점차 세밀한 측정이 가능해지면서 1999~2018년 동안 평균 70회 정도로 늘어난다. 그러나 2016년과 2017년에는 평균을 훨씬 웃도는 200회 이상의 지진이 관측되며 불안감이 더욱 커졌다.[13]

이처럼 2016년과 2017년에는 국내 역대 지진 중 가장 규모가 큰 지진이 발생했는데, 2016년 경주 지진의 규모는 5.8이었고, 2017년 포항 지진의 규모는 5.4였다. 2016년 경주 지진은 지진 관측 이래 한반도에서 발생한 역대 최대 규모의 지진이었다. 2016년 9월 12일 19시 44분 32초에 경북 경주시 남남서쪽 8.2킬로미터 지역에서 규모 5.1의 전진이 발생하고, 20시 32분 54초에 경북 경주시 남남서쪽 8.7킬로미터 지역에서 규모 5.8의 본진이 발생했다.

위치 분석 결과 주향이동단층의 특성을 지닌 것으로 나타났는데, 이것은 단층이 단층면의 경사와 상관없이 단층면을 따라 수평으로 이동된 단층을 말한다. 또한 우리나라에 분포되어 있는 여러 단층 중 부산과 경남 일대의 양산단층보다 모량단층과 일치했다. 인명 및 재산 피해만 해도 2016년 9월 25일 6시 기준 9319건 이상으로 집계되었으며, 경주와 울산에 그 피해가 집중되었다. 이 때문에 부산 도시 철도 1~4호선이 5분간 정지하고, 울산 화력발전소 LNG 복합 화력 발전 4호기 및 월성 원자력발전소 1~4호기가 가동을 중지했다. 다행히 관측 후 27초 만에 지진 조기 경보, 관측 후 5분 만에 지진 통보가 이루어졌으며, 이후 경주는 특별 재난 지역으로 선포되었다.

두 번째로 큰 규모였던 포항 지진은 2017년 11월 15일 14시 29분 31초에 경북 포항시 북쪽 7.5킬로미터 지역에서 규모 5.4로 발생했다. 이때는 국내에서 발생한 지진 최초로 액상화 흔적도 발견되었다. 이 때문에 수학능력시험이 연기되는 등 여러 가지 혼란이 발생하기도 했다. 뿐만 아니라 1300여 명의 이재민과 92명의 부상자가 발생했고, 3만여 건의 시설물 피해가 접수되었다. 피해액만 550억 원에 달했다.[13] 이후 포항시 또한 특별 재난 지역으로 선포되었다.

당시 포항 지진의 원인으로는 지열발전소가 지목되었다. 지열발전으로 전기를 생산하는 과정에서는 지속적으로 물을 주입한 결과 고온 암체에 물이 스며들고 압력이 발생하면서 인공 균열이 일어나게 된다. 따라서 그 결과 단층에 가해지는 힘이 변하면서 단층이 뒤틀리거나 어긋난 결과 지진이 발생하게 되었다는 것이다. 이는 실제 사회적으로 많은 논란을 일으켰으나 정부 조사단의 정밀한 조사 결과 실제로 지열발전소가 지진을 촉발한 것으로 결론을 맺었다.

육지를 집어삼키는 바닷속의 지진

크리스마스 다음 날 발생한 지진해일

쓰나미라고 부르는 바다에서의 지진, 즉 지진해일은 바닷속에서 발생하는 만큼 거대한 파도를 일으켜 육지에서의 지진 못지않은 큰 피해를 발생시킨다. 지진해일로 인한 수위 변화는 한 자리에 머물러 있는 것이 아니라 멀리까지 전파되므로, 연안도 그 영향권에서 자유로울 수 없다. 특히 수심이 얕아질 경우 전파 속도가 느려지며 에너지가 그만큼 축적되기 때문에 지진해일의 진폭 또한 커지게 된다. 그러다 해안가에 이르러 높은 수위를 이루게 되고 결국 큰 피해로 이어진다.

파랑의 제일 높은 곳과 제일 낮은 곳 사이의 수평적인

거리인 파장은 수심이 파장에 비해 깊은 경우 심해파deep water waves, 수심이 파장에 비해 얕은 경우 천해파shallow water waves라고 부른다. 일반적으로 바다에 바람이 불면 그 풍파는 파장이 100미터 내외이기 때문에 수심이 1000미터 정도에 이르면 심해파, 10~20미터 정도면 천해파로 구분된다. 그런데 지진해일의 경우는 수평 파장이 1000미터에 이를 정도로 상당히 길기에 파장에 비해서는 어떤 곳도 수심이 깊다고 볼 수 없으므로 어디에서나 모두 천해파 특성을 가진다.

천해파는 수심이 깊은 쪽에서 빠르게 전파하고 수심이 얕은 쪽에서 느리게 전파하는 특성을 보이기에, 이에 따라 느린 쪽으로 굴절하게 된다. 따라서 해안에 튀어나온 암석, 곶 등에는 파랑에너지가 집중되고, 파고가 상대적으로 높아진다. 종종 갯바위 낚시객이 사고를 당하는 이유가 바로 갑자기 몰려온 이런 풍파 때문이다. 반대로 해안선이 움푹 패인 만에서는 모래가 쌓이며 해변이 만들어지고 파랑에너지가 분산되면서 파고가 낮고 잔잔한 베이비풀이 잘 형성된다.

지진해일은 대규모 해저 지진이나 해저 사면 붕괴, 또는 해저의 화산 폭발로 일어난 산사태로 화산 측면이 붕괴하며 해양으로 유입되는 등의 다양한 이유로 발생한다. 해수입자가 원운동을 하며 움직이는 심해파 특성의 풍파와 달리, 곧장 전진 또는 후진하는 천해파 특성을 보이기 때문에 순식간에 그 일대가 잠길 만큼 위력이 크다.

또한 지진해일은 천해파에 해당하는 만큼 수심이 깊을수록 빠른데, 만약 수심 4600미터의 심해라면 시속 763킬로미터의 제트기 속도에 이르지만, 수심 100미터의 해안가 부근이라면 시속 112.7킬로미터로 확실히 속도가 느려진다. 해안가에서 이 정도의 속도는 육안으로 확인할 경우 충분히 대피할 수 있을 정도다. 뿐만 아니라 지진해일은 몰려오기 전 물이 먼저 빠지는 특성이 있기 때문에 이것만 잘 알아챈다면 대규모 피해를 막을 수도 있다.

실제로 인도네시아에서는 지진해일 발생 당시 이와 같은 방법으로 지진해일이 몰려올 것을 미리 알고 빠르게 대피해 인명 피해를 줄인 사례가 있다. 당시 태국 푸켓 호텔의 관광객과 종업원 약 100명은 틸리 스미스Tilly Smith라는 한 열 살 소녀의 경고 덕분에 목숨을 구했다. 이 소녀는 수업시간에 첫 번째 큰 지진해일파는 몰려오기 전 종종 해안

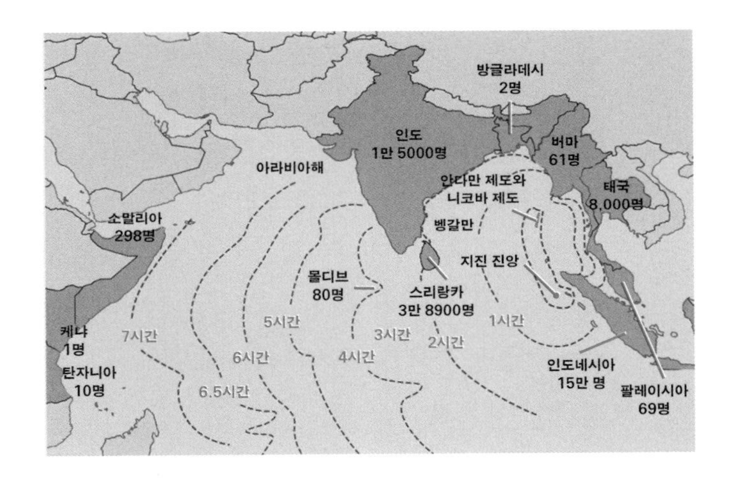

수마트라섬 지진해일의 이동 경로 및 사망자 수

선으로부터 멀어진다는 것을 배웠다. 이것을 기억한 스미스는 풍파가 해안선에서 멀어지는 현상을 보고 어머니에게 이를 알렸고, 호텔 측은 대피 조치를 취했다. 이 덕분에 사람들은 해안을 벗어날 수 있었으며, 덕분에 인명 피해를 크게 줄일 수 있었다.

전 세계적으로 역대급 규모의 지진해일로는 2004년 12월 26일 7시 58분 인도네시아 수마트라섬에서 발생한 지진해일이 있다. 수마트라섬 북서쪽 해안 반다아체 남단

250킬로미터에서는 버마판, 오스트레일리아-인도판 사이에서 판이 흔들리면서 남서쪽으로 15미터, 수직으로 수 미터의 단층 변위가 생겨 규모 9.0의 지진이 발생했다. 하필이면 크리스마스 다음 날 일어난 지진해일로 휴양지에 온 관광객까지 포함해 수만 명이 목숨을 잃고 만다. 사망자만 해도 인도네시아 15만여 명, 스리랑카 3만 8900여 명, 인도 1만 5000여 명, 태국 8000여 명 등 집계된 것만 22만 8000여 명에 이르렀다.[15]

당시에만 해도 인도양 지진해일 경보 시스템이 부재했고 주택들 또한 해수 범람에 매우 취약하게 지어져 있었기 때문에 더욱 큰 피해를 볼 수밖에 없었다. 지진해일이 인도양 진원지로부터 소말리아까지 도달하기까지는 7시간 정도가 걸렸지만 경보 시스템이 제대로 갖춰져 있지 않은 탓에 피해를 고스란히 받고 만다. 오늘날 인도양 지진해일 경보 시스템은 이때를 계기로 정립한 것이다. 이때 지진해일은 에너지로 따졌을 때 제2차 세계대전의 전체 화력 규모에 버금갈 정도였으며, 생태계가 파괴되고 해안이 침식되는 것 외에도 환경오염이 발생하는 등 2차적인 피해도 상당히 컸다.

자연재해, 방사능 오염수 유출로 이어지다

아시아에서 일어난 대표적 지진해일에는 동일본 대지진이 있다. 이는 당시의 인명 및 재산 피해뿐만 아니라 이로 인한 2차 피해가 지금까지도 계속되고 있을 만큼 큰 규모의 지진해일이었다. 2011년 3월 11일 14시 46분 일본 동북부 도호쿠에서 히로시마 원자폭탄 6억 배의 에너지에 달하는 규모 9.0의 지진이 발생한다. 당시 지진해일은 태평양을 가로질러 칠레 끝까지 도달하지만 전파 과정에서 에너지를 많이 잃어 일본을 제외한 다른 나라에 직접적인 큰 피해를 주지는 않았다. 그러나 진앙에 인접해 높은 에너지의 지진해일이 상륙한 동일본 일대에는 엄청난 피해가 발생했다.

동일본 대지진은 사망자 1만 5000명, 실종자 2500명 이상을 만들며 상당히 큰 인명 피해를 일으켰으며, 2012년 3월까지 집계된 이재민만 6만여 명으로, 2015년 3월까지도 4만여 명이 피난 상태를 면하지 못했다. 아울러 당시 전 세계 경제에 심각한 타격을 줄 정도의 재산 피해도 발생했다. 뿐만 아니라 후쿠시마 원자력발전소의 폭발로 방사능 오염수가 유출되어, 전 세계적인 피해는 현재까지도 지속되고 있다고 볼 수 있다.

자연재해로 발생한 기록적인 피해였던 만큼, 이를 앞서 자연재해의 다섯 가지 기본 개념과 연결해서 구체적으로 평가할 수 있다. 첫째, 재해 발생은 과학적인 평가로 예측할 수 있다고 했는데 과연 동일본 대지진은 과학적으로 예측이 가능했을까? 당시 동일본 대지진이 발생하기 이틀 전 지진 관측망은 규모 7.2의 지진을 감지한다. 또한 해당 섭입대 부분의 지진 발생 가능성은 추후 20년간 60~70퍼센트로 평가되었다. 뿐만 아니라 지진 발생 시간 직전까지 50시간 동안 작은 전진이 지속되고 있어 대지진의 발생을 예고하고 있었다.

결국 태평양판과 유라시아판 사이의 마찰력을 극복하며 규모 9.0의 본진이 발생했고, 예측했던 최대 크기 이상의 지진과 함께 예측했던 것 이상의 지진해일이 발생한다. 즉 과학적으로 대지진의 발생을 어느 정도 꽤 정확히 예측할 수 있었지만 그 규모가 과소 추정되었고, 지진이 유발하게 될 지진해일의 규모는 어느 정도인지 파악조차 하지 못한 것이다. 해양에 대한 우리의 과학적인 이해가 여전히 부족하다는 점을 시사하는 대목이다.

그나마 1955년 1월 발생한 고베 대지진 때의 교훈으로 일본에는 첫 지진파 감지 후 8초 만에 지진 관측망을 확인하고 자동화된 경보를 전송하거나 기차를 정지하는 등의 조기 경보 체계가 개발되어 있었다. 이에 지진해일 도착 약 12~15분 전에 경보가 발령되는 등의 조치가 신속히 이루어졌다. 그럼에도 결코 적지 않은 사망 및 실종자, 이재민이 발생했지만 이보다 훨씬 더 많은 생명을 구한 것이라 평가할 수 있다.

둘째, 위험 분석은 재해의 피해 효과를 파악하는 데 아주 중요한 작업이다. 그러나 과학적 자료를 누락하고 잘못된 가정으로 위험을 과소평가한 결과 일본은 큰 피해를 입고 만다. 최대 지진 규모를 과소평가한 자료에 기초해 내진 건축 규제를 진행했고 그 결과 액상화와 산사태를 유발했다. 특히 해수면이 급상승하는 지진해일을 미리 대비하지 못한 결과 피해 규모가 작지 않았고, 그런 점에서 정밀한 위험 분석에 대한 아쉬움이 남는다.

셋째, 재해와 물리적인 환경, 그리고 서로 다른 재해들 사이에는 밀접한 관련이 있다. 대부분의 파괴와 인명 손실은 지진에 의한 것이 아니라 지진해일에 의한 것이었다. 즉 지진이라는 재해와 지진해일이라는 재해가 밀접한 관련이 있는 것은 물론이고, 여기에 산사태와 홍수 등의 다른 재해들도 연관되어 다수 발생할 수 있다는 것이다. 실제로 당시 산사태만 해도 약 4000회가 일어났으며 이외에도 홍수와 후쿠시마 원자력발전소의 폭발과 오염수 유출 등 2차적인 피해가 더 컸다.

넷째, 과거에 재난을 일으켰던 재해가 이후에 더 큰 재앙을 몰고 올 수 있다. 인구가 거의 일정하게 유지된 일본과 달리 지난 1세기 동안 인구가 다섯 배 증가한 인도네시아에서는 2004년 지진해일로 동일본 대지진보다 월등히 큰 인명 피해를 기록했다. 규모가 비슷한 지진해일이라도 피해가 발생한 지역의 인구에 따라 더욱 대규모의 재앙으로 이어질 수 있음을 잘 보여준다. 동일본 대지진 또한 규모는 고베 대지진과 유사했으나 지진해일로 더 큰 재앙이 발생한 것이라 할 수 있다.

다섯째, 재해 피해는 줄일 수 있다. 실제로 일본은 고베 대지진 당시 광범위한 건물과 기간 시설이 붕괴되는 것을 목격하고 이후 지진 건축 기준을 상향했다. 이에 동일본 대지진 때는 지진해일 범람 지역 거주민 중 96퍼센트가 생존하는 등 인명 및 재산 피해를 경감시킬 수 있었다. 물론 대비도를 더욱 높였다면 피해 규모를 더 줄일 수 있었겠다는 아쉬움이 남지만, 이 또한 고베 대지진 때의 교훈으로 지진 재해에 대한 대비가 어느 정도 잘 갖춰져 있었기 때문에 얻을 수 있는 성과였다. 중요한 것은 고베 대지진과 달리 동일본 대지진의 경우 지진해일로 인한 피해가 월등히 크게 나타난 만큼, 향후 이에 대한 대비가 주목된다.[16]

동일본 대지진 이후 오늘날에는 지진해일을 보다 잘 관측하고 감시하기 위한 노력이 전 세계에서 진행되고 있다. 바다에 부표를 계류시켜 인공위성으로 통신을 가능하도록 한 것이다. 심해에 수압 센서를 설치해 해수면의 오르내림에 따른 수압의 변동을 관찰하고 그 데이터를 위성으로 전송하는 방식이다. 해수면이 올라가면 수압이 증가하고 해수면이 내려가면 수압이 감소하는 등의 변화를 빠르게 감지해 위성을 통해 실시간으로 전달하고 갑자기 해수면이 오르내리면 지진해일 경보를 발동한다.

특히 섭입대인 환태평양조산대를 따라 이런 관측 장비를 여러 곳에 설치해 지진해일 조기 경보를 위해 활용하고 있다. 여기에 더해 일본에서는 동일본 대지진 이후 해저 케이블 연결망을 구축하고 있다. 단 10분이라도 지진해일 경보를 더 빠르게 발령하기 위해 해저의 수압을 측정하는 등의 노력을 더하고 있는 것이다.

그렇다면 우리나라에도 지진해일이 발생한 적이 있을까? 한 영화에서 표현한 것과 같이 대마도가 무너지는 등의 대형 지진해일은 아니었지만 기록에 따르면 1983년 5월 26일, 1993년 7월 12일에 일본에서 발생한 지진해일이 동해를 가로질러 우리나라에 피해를 준 적이 있다. 지진해일은 두 차례 모두 첫 진원 시점에서 약 두 시간 후에 도달하는데, 1983년에는 인명 피해를 비롯한 시설물 파괴 등의 재산 피해가 발생했고, 1993년에는 재산 피해만 발생했다.[17] 조금 더 과거로 들어가서 『조선왕조실록』에는 "조선 숙종 7년 1681년 5월 강원도에서 발생한 지진으로 집과 담벼락이 무너지고 우레 같은 소리가 났다"는 기록도 있다.[18] 모두 동일하게 동해안에서 발생했다는 공통점이 있다.

자연재해에 대비한 미래 전망 시나리오

지금까지 태풍, 지진, 지진해일의 사례를 중심으로 자연재해의 정의와 그 특징을 살펴봤다. 이제부터는 과연 어떤 방법으로 자연재해 피해를 줄일 수 있을 지에 대해 고민하고

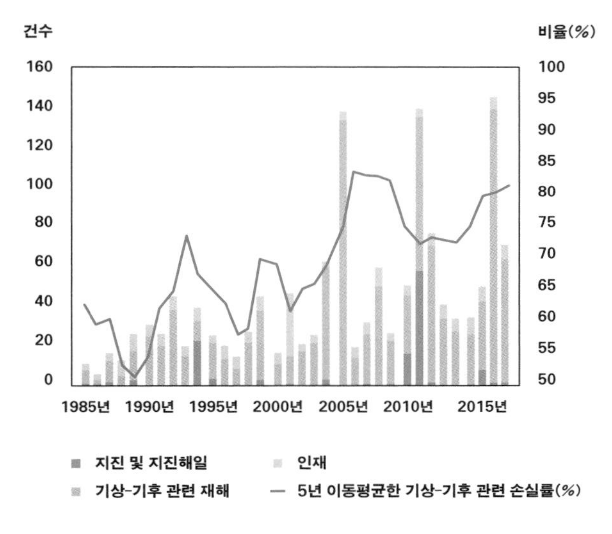

전 세계 자연재해의 증가

자 한다. 앞서 전 세계적으로 자연재해 피해의 규모가 늘어났다고 했는데, 실제 자료에 따르면 1985~2015년까지 재해로 인한 피해 규모를 비교해봤을 때 인재로 인한 피해는 2001년 9·11 테러 당시를 제외하고는 비교적 일정한 반면, 자연재해로 인한 피해는 1985년 이후로 꾸준히 상승해온 것을 알 수 있다.[19]

그러나 희망이 없는 것은 아니다. 오늘날 발달된 과학기술을 통해 재해 대비도를 높인다면 피해 규모는 확실히 줄일 수 있다. 이를 위해서는 전 지구적인 재해 위험 지도를 작성하는 것이 필요하다. 태풍, 지진, 지진해일 등 특정 자연재해가 빈번히 발생하는 나라의 경우 해당 재해에 대한 상세한 위험 지도 등을 만들어 사전에 대책을 수립하고, 발생 가능한 연관 자연재해에 모두 대비할 수 있도록 해야 한다. 해당 자연재해에 대한 취약성을 줄이는 방향으로 토지 이용 계획을 수립하고, 정책적 및 기술적 지원을 늘리는 것이 우선적으로 필요하다. 아울러 평소 자연재해에 대한 사회경제적 재원을 어떻게 확보할 것인지 또한 미리 계획해야 한다.

우리나라의 경우 풍수해에 큰 영향을 미치는 태풍 사례를 중심으로 이동 경로, 강도, 강풍 반경, 폭풍 반경, 강우 강도 등을 분석해 자연재해 특성과 피해 규모 사이의 상관 및 회귀분석, 위험 분석을 시행하는 방식으로 시나리오별 태풍의 취약성을 사전에 정리할 수 있다. 이를 통해 태풍 시나리오와 토지 이용에 따른 재해 지도를 제작하고, 미래에 있을 태풍 관련 재난 상황 발생 시 투입해야 할 사회경제적 비용을 추정해 합리적 방재 재원 설계 방안을 수립할 수 있을 것이다.

1945년 11월 28일에 아라비아해 북부 해저 마크란 섭입대 부근에서 발생한 마크란 지진해일은 당시에는 피해 규모가 상대적으로 크지 않았지만 오늘날 발생한다면 당시와는 비교할 수 없을 정도의 피해가 해당 지역뿐만 아니라 전 세계적으로 발생할 것이다. 당시 오만만Gulf of Oman을 비롯한 연안에는 산업 시설들이 없었지만 오늘날 그곳 연안에는 산업 시설들이 즐비해 있다. 동일본 대지진으로 방사능 오염수가 유출된 것과 같은 더욱 큰 2차 피해가 생길 수 있는 것이다.

따라서 사회경제적 및 환경적 피해와 손실, 위험 및 취약성 분석을 바탕으로 자연재해 발생 시나리오에 따른 지도를 제작할 필요가 있다. 뿐만 아니라 전염성 질병의 발생과 유행 양상을 예측하고 사회적 비용과 질병 부담을 추정함으로써 선제적 회복력 강화 전략을 제시하는 것 또한 피해 경감을 위한 또 하나의 방안이 될 것이다.

또한 1만 7509개의 섬으로 구성되어 있는 인도네시아와 같은 나라는 화산에 대한 대비가 절실하다. 그중 약 130개는 활화산이며, 잠재 위험 지대에 거주하는 인구는

500만여 명에 이르지만, 섬들 사이의 통신이 원활하지 않아 자연재해에 노출되었을 경우 돌이킬 수 없는 피해를 입을 수 있다. 이때 인공위성이나 원격 탐사 등의 우주 기술을 활용해 적극적인 모니터링 시행한다면 상당 부분 화산재해에 대비할 수 있을 것이다. 화산 분화 조짐을 탐지하는 기술을 개발하고 화산 조기 경보 시스템을 정립하는 등 선제적 피해 저감 방안을 연구해야 한다.

정리하자면, 자연재해에 따른 피해를 경감하기 위해서는 자연과학과 사회과학을 융복합하는 다학제적 접근을 통해 다양한 분야를 포괄하는 자연재해 연구를 강화해야 한다. 자연과학적으로는 과거 자연재해의 1~2차 피해에 대한 통계적 사례 조사를 통해 그 특성과 규모 등을 발생 원인과 연관 지어 상관 및 회귀분석하고, 이를 바탕으로 미래 전망 시나리오별 다양한 재해 지도를 제작하며 취약성 및 위험 분석을 시행해야 할 것이다.

사회과학적으로는 재난 위험 금융과 보험을 설계하고 자연재해로 인한 식수 오염 등을 통해 발생하게 될 2차 질병 확산을 분석하며, 회복력 강한 토지 이용도 계획을 수립하는 등 대피 효율성과 대비도를 향상시켜야 한다. 아울러 지구공학geoengineering적으로는 자연재해라는 자연과정을 인공으로 조절하는 기술을 개발할 수도 있다. 이와 같이 자연재해에 초점을 둔 융복합 연구는 그 피해를 저감시키고 선제적으로 회복력을 강화하는 등의 체계적인 자연재해 대응 기반 구축을 가능하게 할 것이다.

자연과학과 사회과학의 융합은 자연재해의 특성을 단순히 통계 및 사례적으로 분석하는 것에서부터 훨씬 더 나아가 재난 발생의 전조를 실시간으로 감지하는 능력 또한 고도화함으로써 대비도를 크게 향상시킨다. 이는 궁극적으로 미래 자연재해에 대한 예측력을 향상시켜 보다 정확한 미래 전망 시나리오를 수립하도록 이끌 것이다.

Q 묻고

답하기 A

전 지구적으로 자연재해가 증가하고 있는 것은 실제 절대적인 빈도나 규모가 증가했기 때문인가? 관측 시스템이 고도화되면서 예전에 감지하지 못하던 재해를 더 많이 감지하게 된 덕분인가?

두 가지 모두를 이유로 꼽을 수 있다. 관측 기술의 비약적인 발전에 힘입어 예전에는 관측할 수 없었던 자연재해까지 오늘날에는 더 세밀하고 정밀하게 측정할 수 있게 되었다. 이에 따라 보다 많은 재해를 조금 더 자주 관측하게 된 것은 분명한 사실이다. 특히 다양한 인공위성 탑재 센서들과 무인 해양관측망 등의 발전에 힘입어 지구환경 변화에 대한 인류의 감시 능력은 최근 수십 년 동안 크게 개선되었다.

그러나 이런 관측 기술 발전과 무관하게 최근의 기후변화가 지구환경뿐만 아니라 자연재해의 특성까지도 변화시키고 있다는 주장에 점점 더 무게가 실리고 있다. 전에 없던 규모의 자연재해가 더 자주, 더 높은 강도로 발생하는 것이 그 주장의 근거다.

예를 들어, 태풍의 경우 해양에서 에너지를 얻어 발달하면서 그 강도가 점점 증가하는 특성을 보이는 만큼, 지구온난화와 밀접한 연관을 갖는다. 지구온난화로 촉발되는 지속적인 해수의 온도 상승은 더 강한 태풍, 소위 슈퍼 태풍이라 불리는 태풍의 발달을 우려하게 한다.

태풍과 같은 열대성저기압은 고온수로부터 더욱 강한 에너지를 얻기 때문에 지구온난화로 해양의 수온 분포가 변화하면서 태풍이나 허리케인의 빈도나 강도, 발생 위치 등이 변화할 가능성이 있다. 만일 강도가 큰 태풍이 자주 발생할 경우 강풍과 폭우로 인한 피해도 더욱 크게 유발될 수밖에 없는 만큼, 특별한 대비가 없다면 자연재해의 절대적인 빈도나 규모도 증가하게 될 것이다.

뿐만 아니라 기후변화로 해수면이 상승함에 따라 해안 침식과 연안 침수 피해 확률도 점차 증가하고 있다. 이전보다 평균 해수면 자체가 높아진 상태에서 해수면의 변동이 나타나므로 동일한 변동 폭으로 과거에는 범람하지 않았던 경우에도 쉽게 범람할 위험이 있다.

해수면의 상승은 단순히 1차원적인 해수 범람 문제만을 유발하는 것이 아니다. 파랑 전파 특성이 달라지고 해안의 모래 이동이 변화하며 해안 침식과 퇴적 양상이 바뀌는 등 연안 환경을 전반적으로 변화시킬 것이다.

따라서 방파제나 해안 구조물 등의 설계 방식 자체를 변경해야 한다. 해안가의 거주 시설과 산업 시설 등의 토지 이용 방식 자체를 전면적으로 바꾸지 않으면 자연재해 취약도를 낮추기는 어렵다. 특별한 대비 없이 해수면 상승에 취약해진 연안에서는 이전과 동일한 자연재해도 재앙이 되어 더 큰 피해를 야기할 수 있다.

2부

기후 변화는 현실이다

- 미세먼지, 지구온난화

인류는 산업혁명 이후 무차별적인 개발로 자연을 파괴했고, 지구온난화로 상징되는 기후변화는 결국 인간에게 되돌아왔다. 지금 멈추지 않으면 지구에 미래는 없다. 문제의 인식이 과학에서 시작되었듯, 결국 그 답도 과학에서 출발해야 한다.

매년 여름이 앞당겨지는 이유, 온실가스

자연의 평정을 무너뜨린 인위적 기후변화

자연재해에 이어 또 다른 대규모 지구환경 변화인 기후변화에 대해 이야기해보자. 기후변화 하면 대부분 떠올리는 문제가 바로 지구온난화일 것이다. 지구온난화야말로 기후변화를 가장 피부로 느끼게 하는 현상이기 때문이다. 여기에서는 먼저 온실가스GreenHouse Gases, GHGs와 우리나라의 최근 현안으로 대두한 미세먼지Particulate Matter, PM에 대해 먼저 짚어본 후 기후변화 이야기를 이어가 보겠다. 그리고 마지막에 이런 기후변화에 대한 국제적 대응 노력에는 무엇이 있는지 다루어보겠다.

기후변화란 무엇일까? 언론을 통해 워낙 많은 논의가

이루어지고 있는 만큼 대부분 기후변화 문제를 접한 경험이 있을 것이다. 기온이 상승하면서 빙하가 녹아 내린 결과 해수면이 상승하고, 수온 또한 높아지면서 강한 태풍이 빈번해지는 등 지구환경에 나타난 여러 전반적인 변화 현상을 이제는 많은 사람들이 몸으로 느끼고 있다.

기후변화에 대한 보다 더 객관적인 정의를 살펴보자. 유엔기후변화협약UNFCCC에서는 직접적 또는 간접적으로 전체 대기의 성분을 바꾸는 인간 활동에 의한, 그리고 비교할 수 있는 시간 동안 관찰된 자연적 기후 변동을 포함한 기후의 변화라고 정의한다. 즉 기후변화란 인간 활동에 의한 인위적인 기후변화와 자연적인 기후 변동성, 두 가지로 구분된다고 할 수 있다.

앞서 설명했듯이 사람의 활동과 상관없이 지구에는 일종의 자연적인 순환 사이클들이 있다. 지질 순환, 구조 순환, 암석 순환, 수문 순환, 생지화학 순환이 그것인데, 이처럼 지구는 자연적인 변동에 의해서도 기후변화를 겪고 있다. 여기에 또 하나 추가된 것이 인간의 활동으로, 화석연료 등의 사용으로 이산화탄소를 비롯해 전체 대기의 성분이나 조성이 바뀌는 것이다.

그런데 여기에서 한 가지 구분해야 할 것이 있다. 바로 기상 현상과 기후라는 용어의 차이다. 기상 현상이란 땅, 바다, 하늘 등에 나타나는 비, 눈, 구름 등의 상태로 시시각각 변하는 날씨의 현상을 말한다. 반면 기후는 평균 30년 동안의 긴 시간 동안 날씨의 종합적이고 평균적인 특성과 변동을 의미한다. 따라서 기후변화는 하루에 몇 도씩 오르내리는 기상 현상의 변화와는 구분해서 이해해야 한다.

즉 아침저녁으로 일교차가 10도씩 오르내리는 것과 비교해 기후변화로 지구의 평균 기온이 1도 상승한 것을 쉽게 생각해서는 곤란하다는 것이다. 지구 한편에서 아침에 10도가 내려갔으면 다른 곳에서는 점심에 10도가 올라가고, 한편에서 여름이 되어 10도가 올라갔으면 다른 곳에서는 겨울이 되어 10도가 내려가는 과정을 통해 결국 지구는 전체적으로는 매우 일정한 평균 온도를 유지한다.

즉 한 지역에서도 하루에 몇 도씩 오르내리는 기온을 일평균하고, 계절의 변화에 따라 바뀌는 기온을 연평균하고, 해마다 조금씩 다른 기온을 30년 기간으로 평균하게 되면 거의 일정한 평균 온도를 유지한다는 의미다. 물론 30년 평균값 자체도 과거 30년과 최근 30년은 서로 다른 온도를 보여주지만, 이는 그야말로 기상이 아닌 기후의 변동으로 본다는 의미다. 따라서 평균 30년이라는 평균값에서 조금씩 변화를 보이되 평균값을 벗어나지 않을 경우 이런 자연적인 기후의 움직임을 기후 변동성이라 부른다. 반면 기후변화는 자연적 기후 변동성의 범위를 벗어난 것으로, 인위적이거나 자연적인 요인으로 더 이상 평균 상태로 회복되지 않는 평균 기후 체계의 변화를 말한다.

인간 활동에 의한 기후변화의 본질적인 문제점은 자연적인 기후 변동성을 벗어나 평형점이라고 할 수 있는 '평정' 상태가 깨진 것에 있다. 국제층서위원회ICS에서는 다른 지질시대와 구분되는 '인류세anthropocene'라는 새로운 지질시대 용어를 공식적으로 도입하는 문제를 심각하게 고민 중이라고 한다. 그만큼 인간 활동에 의한 기후변화가 오늘의 지구환경을 근본적으로 변화시켰다고 볼 수 있다.

온실효과는 억울하다

기후는 왜 변할까? 앞서 인간의 활동에 의해 대기 성분에 변화가 생겼다고 했는데, 이와 관련해서 온실가스 이야기를 많이 한다. 온실가스로 야기되는 온실효과는 말 그대로 지구의 에너지가 온실에 있는 것처럼 잘 빠져나가지 못하고 축적되는 상태를 말한다. 본래 지구는 태양으로부터 복사에너지를 받은 후 다시 방출하는 과정을 지속하는데, 이때 대기 중 이산화탄소 등의 온실가스는 태양으로부터 들어오는 짧은 파장의 복사에너지는 통과시키지만 지구가 방출하는 긴 파장의 복사에너지는 흡수해 이를 대기 중에 묶어두게 된다. 이 경우 해당 기체 분자의 운동량이 증가되면서 기온 상승이 일어나는 것이다.

따라서 온실효과는 지구온난화가 생기기 이전부터 존재했던 현상이지만 오늘날 토지 이용도가 변하고 화석연료 사용이 급증하면서 대기 중 이산화탄소나 메탄 등의 농도가 증가한 결과 온실효과가 지구온난화로 이어지게 된 것이다. 그리고 결국 지구온난화로 인한 기후변화는 빙하를 녹이고 해수면을 상승시키고 해양을 산성화시키는 등 지구환경 변화를 연쇄적으로 일으키고 있다.

그리고 이제는 티핑 포인트tipping point를 넘어섰다는 이야기도 적지 않게 들린다. 흔히 알고 있듯 티핑 포인트란, 작은 변화들이 어느 정도 기간을 두고 쌓인 결과 작은 변화가 단 하나만 더 늘어나도 큰 변화가 일어나는 상태를 말한다.

현재 지구환경이 처한 상황의 심각성을 보여준다.

지구온난화와 함께 나타나는 전반적인 지구환경의 변화는 여러 자연재해에 더해 전 세계적으로 환경 난민들 혹은 기후변화 난민들을 발생시킬 위험을 내포하고 있다. 결국 인간 활동에 의한 변화가 다시 부메랑이 되어 인간에게 되돌아오고 있는 것이다. 앞서 전 세계적으로 자연재해의 피해 규모가 커지고 있다고 설명한 것도 같은 맥락이다. 화폐 가치의 상승 및 보험의 발달로 재산상의 피해액이 커진 것 또한 사실이지만, 기후변화 관련 자연재해가 추가되며 실제 자연현상 자체에 대한 전반적인 대응력이 향상되었음에도 불구하고 그 피해 규모는 커지고 있는 추세다.

1980~2008년 기간 동안 전 세계에서 발생한 자연재해를 분석한 결과, 기후변화로 태풍, 홍수, 가뭄 등이 발생한 평균 빈도는 1980년대 초에 비해 약 세 배, 규모는 약 11퍼센트씩 매년 증가했다.[20] 자연재해가 여러 요인의 상호작용으로 기인하는 것은 맞지만, 기후변화와 무관하지 않음을 입증하는 결과라고 할 수 있다.

최근 100년 동안 전 세계에는 전례 없던 자연재해가 발생하고 있다. 유럽이나 러시아에서는 150여 년만의 폭염으로 수만 명의 사망자가 발생했으며, 인도에서도 수천 명이 사망했다. 미국, 브라질, 방글라데시아, 파키스탄에서는 홍수로 수천 명이 사망하고 이재민이 발생하는 등 인명 및 재산 피해가 극심했다. 그런가 하면 남미에서 또한 한파로 물고기 수백만 마리가 떼죽음을 당하기도 했다. 포르투갈, 스페인, 호주, 아프리카 북동부 지역에서는 극심한 가뭄으로 물 부족에 시달리거나 건조한 대기로 화재가 발생하는 등의 피해를 겪었다.

이처럼 전 세계적으로 심각한 인명 및 재산 피해가 일어나고 있는 지금이야말로, 자연재해의 원인을 파악하고 대비하기 위한 무엇보다 중요한 시점이다. 앞서 말했던 자연재해의 다섯 가지 기본 개념 중 마지막, 재해 피해는 줄일 수 있다는 점을 염두에 두고 앞으로 살펴볼 기후변화의 여러 양상과 극복 방안을 이야기해보자.

소고기를 먹었다면 지구온난화에 일조한 것

지구의 복사에너지를 대기권에 묶어두는 온실가스들 중 가장 많은 비율을 가지는 것은 단연 88.6퍼센트를 차지하고 있는 이산화탄소다. 다음으로 메탄이 4.8퍼센트, 수소불화탄소, 과불화탄소, 육불화황이 3.8퍼센트, 아산화질소가 2.8퍼센트 순이다. 이처럼 이산화탄소는 온실가스에서 가장 높은 비율을 차지하고 있다는 이유로 지구온난화의 주범으로 꼽히고 있다.[21]

그러나 메탄의 경우 이산화탄소보다 절대량은 적어도 20배 정도의 강한 효율로 온실효과를 발생시킨다. 특히 소, 양, 염소와 같이 되새김질을 하는 반추동물들의 방귀로 발생하기도 하는데, 이들이 식물성 먹이를 삼킬 때 위에서 미생물의 작용으로 생성된 탄소와 수소가 방귀로 배출되는 것이다. 특히 소는 육류 소비를 위해 대량 축산되는 만큼 지구온난화의 심각한 위협으로 대두되고 있다.

연구에 따르면 이들 가축이 내뿜는 메탄가스는 약 1억 톤으로 전 세계 메탄가스 배출량의 약 37퍼센트를 차지한다고 한다.[22] 때문에 아르헨티나에서는 소에 메탄가스 포집용 백팩을 채워 사육하기도 하고, 에스토니아에서는 2009년부터 소 사육 농가에 방귀세를 부과하는 등의 제도적 노력을 추진하기도 했다. 뉴질랜드 또한 2003년에 방귀세 부과를 시도했으나 농민들의 반발로 무산되었고, 축산업이 발달한 덴마크 또한 관련 세법 개정안을 추진 중에 있다. 소의 방귀까지 통제할 정도로 온실가스 문제는 심각한 상황이다.

대부분의 온실가스는 인간의 활동 결과 석유, 석탄, 가스 등 화석연료 사용이 늘어난 결과 증가한다. 산업혁명과 함께 증가한 화석연료의 사용으로 산업화 이전 280ppm이었던 온실가스 농도는 2005년 기준 379ppm으로 30퍼센트 증가했다. 또한 1960~2005년 평균 이산화탄소 농도 증가율은 연간 1.4ppm에 달한다.[23] 뿐만 아니라 쓰레기의 증가로 그 분해 과정에서 발생하는 메탄 양도 늘어나고 있으며, 무분별한 살림 벌목으로 산림의 온실가스 흡수도 줄어들고 있는 실정이다.

이런 중에 지구의 자연적인 움직임으로 온실효과가 저감되기도 하는데, 1991년 6월 필리핀 피나투보 화산 폭발이 대표적인 사례다. 700~900여 명의 사망자와, 65만여 명의 이재민이 발생했던 화산 폭발은 이때 분출된 이산화황이 대기 성층권에 머물며 햇빛을 차단해 지구의 평균 기온이 0.5도 낮아지는 지구 냉각 효과를 가져왔다.[24]

아주 오래전 지구온난화라는 말을 쓰기 전부터 일부 과학자들은 대기 중의 이산화탄소 농도를 지속적으로 측정하기 시작했다. 그중에서도 미국 캘리포니아주 샌디에이고에 있는 스크립스 해양학연구소의 찰스 데이비드 킬링 Charles David Keeling에 의해 고안된 킬링 곡선Keeling curve는 전 세계적으로 유명하다.

스크립스 해양연구소의 과학자들은 현재도 세계 곳곳에 정밀 장비를 두고 대기 중의 산소와 이산화탄소 농도를 측정하고 있다. 이를 가장 먼저 시작한 곳이 미국 해양기상청 NOAA과 함께 공동으로 운영하고 있는 하와이의 마우나로아 관측소로, 1950년대부터 현재까지 계속해서 이산화탄소 농도를 측정하고 있다.

이곳은 대기 중 이산화탄소 농도 측정 장소 중에서 가장 오래되었지만 계절적인 변화를 감안하더라도, 매년 증가하는 이산화탄소 농도를 가장 잘 관측할 수 있는 곳이다. 측정을 시작한 이후로 1960년대 320ppm이었던 이산화탄소 농도는 1990년대에 360ppm, 2000년대 380ppm을 넘어 2010년에는 400ppm에 육박하다 2019년에는 410ppm까지 넘어서는 등 이산화탄소 농도는 현재까지도 계속해서 증가하고 있다.[25]

한편 이곳에서의 관측이 1950년대부터라면 이전의 이

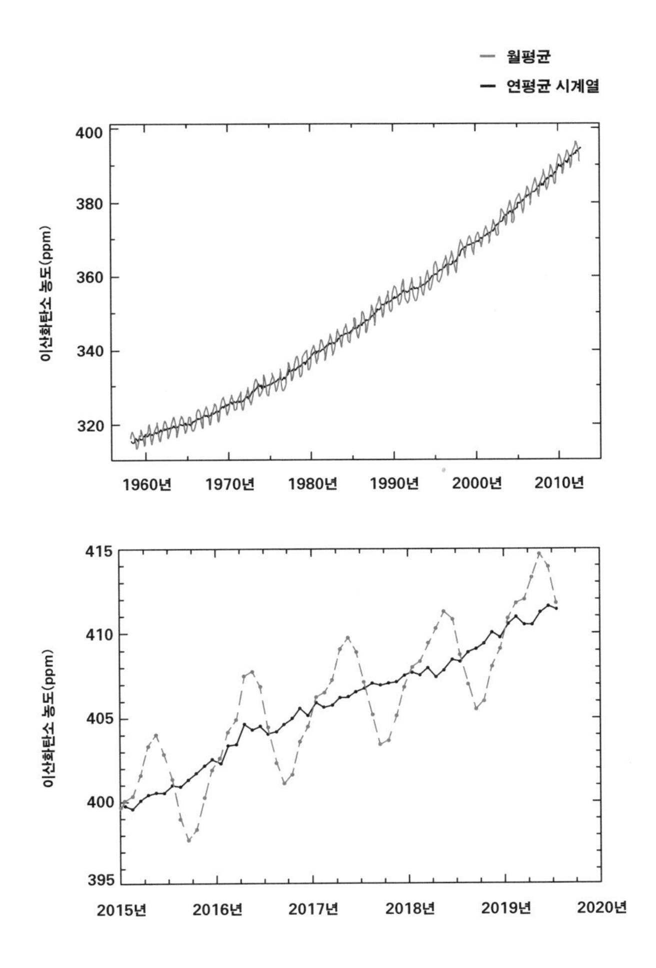

마우나로아 관측소에서 측정한 대기 중 이산화탄소 농도

산화탄소 농도는 어떻게 알 수 있을까? 이는 지질과학자들의 노력 덕분에 가능했는데, 빙하를 시추해 아주 깊숙한 곳에 있는 이산화탄소 농도를 측정하면 훨씬 더 긴 과거의 이산화탄소 농도까지 알 수 있다.

이를 통해 보면 과거 1000년 동안 2100~2200기가톤을 유지하던 이산화탄소가 1900년대에 이르러 급격하게 증가했다는 것을 알 수 있다.[26] 이는 오랜 기간 유지되어왔던 이산화탄소 농도가 산업혁명으로 인한 화석연료의 사용 증가로 얼마나 급격히 증가했는지를 보여준다. 기후변화의 중심에 바로 인간이 있다는 것을 시사하는 결과다.

이산화탄소는 여러 가지 형태로 대기와 해양을 넘나들며 생지화학 순환을 하는데, 이때 생태계는 이를 일정 정도 흡수해주는 역할을 한다. 1990년부터 1999년까지 10년 동안 육상에서는 식물의 광합성으로 평균 450기가톤의 이산화탄소를 흡수했다. 이는 육상식물이 호흡을 통해 배출하는 444기가톤의 이산화탄소에 비해 6기가톤 많은 것으로, 그만큼은 순흡수를 해주었던 것이다. 해양에서도 식물성 플랑크톤들이 광합성을 통해 338기가톤의 이산화탄소를 흡수해 배출된 332기가톤과 비교했을 때 6기가톤을 더 흡수했던 것으로 추정된다.

이렇게 자연 생태계에서 12기가톤의 이산화탄소를 더 흡수해주므로 인간 활동 결과 12기가톤의 이산화탄소가 더 배출되더라도 그 농도는 늘어나지 않았을 것이다. 그러나 산업혁명 이후 화석연료 사용 등으로 인간은 추가적으로 23기가톤의 이산화탄소를 배출했고, 그 결과 11기가톤은 대기 중에 축적될 수밖에 없었다.[27]

온실가스 중 화석연료 연소 및 산업 공정에서 발생한 이산화탄소는 1970년대에 55퍼센트였던 것이 1990년을 넘어가며 59퍼센트로, 다시 2010년에는 65퍼센트로 증가한다. 앞서 1000년 동안의 이산화탄소 농도를 지질학적 샘플로 추정했듯이 같은 방식으로 더 과거 오랜 시간 동안의 자연적인 변화를 알 수도 있는데, 이를 통해 보면 이산화탄소, 메탄, 아산화질소의 대기 중 농도는 지난 80만 년 중 현재, 최고 수준에 도달해 있다.[28]

미세먼지로 박탈당한 숨 쉴 수 있는 권리

시야를 넘어 건강까지 막는 미세먼지

우리 사회의 현안으로 떠오르고 있는 기후변화 문제인 미세먼지는 요즘 동아시아의 가장 큰 대기 환경문제로 대두되고 있다. 미세먼지는 1세제곱미터의 정육면체에 있는 미세먼지의 농도로 표현하는데, 그 단위로 마이크로그램μg을 사용한다.

미세먼지 농도가 1세제곱미터당 10마이크로그램일 때는 대부분의 시야가 확보되며, 200마이크로그램일 때는 상당 부분 뿌옇게 보이지만 형태는 분간할 수 있다. 그러나 470마이크로그램에 이르면 아예 형태도 알아볼 수 없을 정도로 시정거리가 전혀 확보되지 않는다. 우리나라에서도 종종 이런 짙은 농도의 미세먼지가 나타나는데, 이때는 단순히 시야 확보의 문제 수준을 넘어 심각한 사회적 이슈로 대두된다. 미세먼지로 악화된 대기의 질이 건강과 직결되기 때문이다.

대기 중에는 부유하는 구름과 강수 입자 등의 수증기뿐만 아니라 다양한 입자상, 액체상 물질이 포함되어 있는데, 여기에는 0.001~1000마이크로미터 크기의 황사 및 흙비, 연무, 미세먼지 등의 물질이 들어 있으며 이를 통칭해 에어로졸aerosol이라고 한다. 여기에서 연무는 연기smoke와 안개fog를 아우른 것으로, 스모그smog라고도 한다. 문제는 대기 중의 다양한 성분들이 지구 시스템의 한 요소에서 다른 요소로 생지화학 순환을 할 때, 에어로졸을 이루는 여러 성분들의 대기 중 체류 시간이 길어질 경우 발생한다.

이때 에어로졸은 태양 빛을 흡수, 산란, 반사시키거나 구름의 생성 등에 영향을 끼쳐 온실가스와 더불어 지구온난화나 지구냉각화 등의 기후변화에도 영향을 끼친다. 뿐만 아니라 시정거리를 감소시키고 산성비, 스모그 등으로 대기 질에 영향을 미쳐 피부, 눈, 호흡기, 심혈관 등 인체 질환을 유발시키기도 한다.

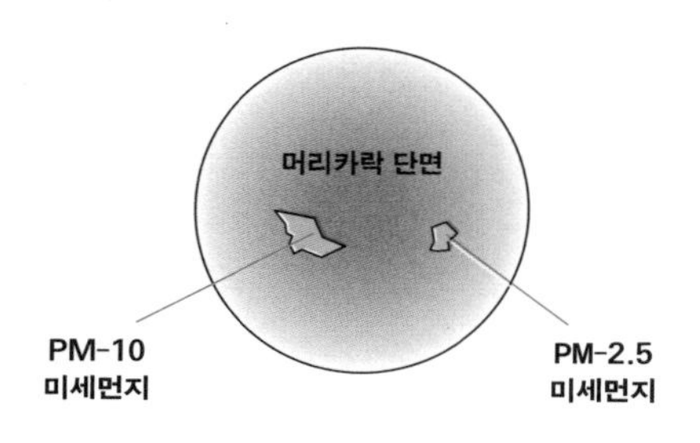

머리카락 단면과 비교한 미세먼지의 입자

이런 미세먼지는 입자의 크기에 따라 구분한다. 머리카락의 단면과 입자의 크기를 비교해봤을 때 지름이 10마이크로미터 이하인 PM-10일 경우 미세먼지, 지름이 2.5마이크로미터 이하인 PM-2.5일 경우 초미세먼지로 분류한다. 입자가 작을수록 건강에 미치는 영향이 크다는 연구 결과에 따라 선진국에서는 1990년대 후반부터 미세 입자에 대한 세부적인 배출 기준을 도입하기 시작했다.

우리나라에서는 1세제곱미터당 연평균 50마이크로그램, 24시간 일평균 100마이크로그램을 미세먼지의 환경기준으로 한다. 미세먼지는 인체의 폐포까지 침투해 각종 호흡기 질환의 직접적인 원인이 되며, 인체의 면역 기능을 악화시키는 등 알려진 악영향만 해도 상당하다.

초미세먼지 환경기준은 우리나라의 경우 2015년 1월 시행되었을 때만 하더라도 1세제곱미터당 연평균 25마이크로그램, 24시간 일평균 50마이크로그램이었으나, 2018년 3월 28일 이후 미국 및 일본과 같이 연평균 15마이크로그램, 24시간 일평균 35마이크로그램으로 그 기준을 더욱 강화했다.

이외에도 총부유분진 또는 총부유입자상물질이나 총입자상물질이라고 하는 총먼지Total Suspended Particles, TSP는 통상적으로 50마이크로미터 이하의 모든 부유 먼지를 의미한다. 입자의 크기가 10마이크로미터 이상인 경우에는 도시 미관에 영향을 미치기는 하지만 인체에 끼치는 영향은 적기 때문에 1990년대 후반 TSP에서 PM-10으로 환경기준을 변경했다.

에어로졸은 대기 중에 떠 있다가 햇빛을 받으면서 직접 및 간접적으로 기후를 변화시키고, 더 나아가 시정거리나 인체에도 영향을 미친다. 이런 에어로졸이 수증기와 만나면 여러 화학적인 반응이 일어나며 복잡 다양한 성분이 구성된다. 에어로졸에는 토양 침식과 먼지의 성분인 알루미

늄, 철, 칼슘 등과 관련한 금속 및 지각 물질metals crustal materials, 바다 소금으로부터 온 나트륨이나 염소, 그리고 화석연료나 바이오매스의 연소 시에 발생하는 블랙카본black carbon, 검댕shoot이 포함되어 있다. 또한 주로 산업, 농업, 생물 기원, 인간 활동에 의한 2차 에어로졸인 질산염, 황산염, 암모늄염 등의 무기 에어로졸을 비롯해 1만 종 이상의 복잡한 혼합 화합물인 1차 및 2차 유기물도 여기에 해당한다. 여기에서 2차 에어로졸이란, 배출되어서 바로 나오는 1차 에어로졸에 다시 화학반응이 일어나며 생성된 것을 말한다.

이외 구성 성분과 생성원, 생성 반응 양상은 아직 완벽하게 규명하지 못했으며 현재도 연구 중이다. 단순히 관측만으로는 유의미한 결과를 도출하기 어렵기에 모델링 시뮬레이션을 하기도 하는데, 관측으로도 실제의 80퍼센트만 가능한 상황이므로 모델링으로부터 도출할 수 있는 정도는 아직 이보다 낮은 35퍼센트에 불과할 뿐이다.

이처럼 아직 과학적으로 이 문제를 규명하지 못하고 있는 이유 중 상당 부분은 미세먼지 문제의 특수성에 있다. 믿기 어렵겠지만 미세먼지와 초미세먼지 평균 농도는 계속해서 줄어들고 있다. 최근에 와서 조금 둔화되기는 했지만 2000년부터 그 수치를 비교해보면 농도는 계속 낮아지는 추세다. 물론 겨울철에는 고농도의 사례들이 있지만 연평균 농도를 따져봤을 때는 사람들의 생각과 달리 꾸준히 줄어들고 있는 것이 사실이다. 생성원으로 꼽히는 북경에서 또한 마찬가지다. 그러나 상대적으로 초미세먼지가 미세먼지보다 더 많아지는 경향을 보이고 있어 더욱 큰 우려는 여전히 남아 있다.

그러나 미세먼지와 달리 오히려 대기 중 오존의 농도는 최근 갑자기 다시 증가하고 있다. 남극 오존홀에 대한 문제가 전 세계적으로 주목되면서 지구 오존층을 보호하기 위해 1987년에는 캐나다 몬트리올에서 염화 불화 탄소, 할론 등의 오존층 파괴 물질의 사용을 규제한 국제 환경 협약인 몬트리올 의정서Montreal Protocol가 체결되기도 했다. 그러나 당시부터의 노력으로 오존 농도를 상당 부분 저감했음에도 불구하고 최근 오존 농도가 다시 높아지고 있어 우려를 낳고 있다. 이와 관련해 최근에는 중국에서 사용하는 물질과 관련되어 있다는 논문들이 발표되고 있기도 하다.

여기에서 주목해야 할 점은 미세먼지와 초미세먼지의 비율, 오존 농도의 증가 등 대기의 조성 자체가 바뀌고 있다는 점이다. 즉 이제 대기오염 저감 정책도 바뀌어야 한다. 이를 위해서는 변화된 에어로졸 생성 과정과 2차 에어로졸의 생성 원인을 분석해 그에 알맞은 대응 방안을 모색해야 한다. 그러므로 대응 방안의 실효성을 확인하기 위해서라도 대기 환경 성분에 대한 지속적인 관측이 필요하다.

이를 위해 대기 환경을 꾸준히 실시간으로 감시하는 시계열 관측 네트워크들을 지상에 두고 있으며, 그 대표적인 예로 SPARTAN[Surface PARTiculate mAtter Network]이 있다. SPARTAN 프로그램은 인공위성 원격탐사 관측을 평가하고 검정 및 보정하기 위한 에어로졸 지상 관측 네트워크로서, 전 지구적인 영역을 포함하기에는 불충분한 지상 관측의 단점을 극복하기 위해 고안되었다.

지상 관측은 인구 밀집 지역을 중점으로 인체에 미치는 영향과 위험을 평가하고 시간당 지표면 초미세먼지를 감시할 수 있지만, 넓은 영역을 측정하기에는 역부족이다. 이에 반해 인공위성 원격탐사는 지상 관측이 제한받는 지역의 초미세먼지 노출 정도를 추정할 수 있는 가장 유망한 방법이지만, 정확도와 정밀도 문제 때문에 지상 관측 결과와 비교를 통해 검정 및 보정하는 등의 병행 연구가 반드시 필요하다.

이를 위해 개발된 것이 바로 SPARTAN이다. 이를 토대로 지상 관측과 인공위성 원격탐사를 병행하며 모니터링하면 농도가 높은 곳들은 기본적으로 대도시 위주의 인구밀집 지역임을 알 수 있다. 실제로 인간 활동이 많은 곳에 초미세먼지의 농도 또한 높아지는 것이다. 그런데 그 안에서도 대기 성분은 각각 다르게 나타난다. 과거와 오늘날을 비교해봤을 때 시간에 따라 대기의 조성이 달라지고 있다고 이야기했는데, 공간적으로도 마찬가지다. 에어로졸의 성분들은 공간적으로 일정하지 않고 다양하게 농도를 달리해 분포하고 있으며, 따라서 이들을 실시간으로 감시할 필요성이 점차 커지고 있다.

이때 원격탐사와 병행하는 것도 중요하지만, 그것만으로는 분포와 시간 변화까지 모두 파악하기가 어렵기 때문에 수치 모델링을 통해 거주, 산업, 농업, 교통 등 원인별로 발생원을 추적하고 예측을 이어나간다. 넓은 공간에 걸쳐 시시각각 변화하는 정도를 추적함으로써 분포하는 성분의 농도와 그 변동의 원인을 밝혀내는 것이다. 물론 수치 모델링의 특성상 정확도는 떨어질 수 있으므로 관측 자료와도 비교함으로써, 최소한 관측 자료가 수집된 위치와 시간에서는 모델링 결과가 관측에 부합하도록 정밀한 보정 노력을 이어나가고 있다.

보다 입체적인 에어로졸 연구를 위해 다양한 관측 결과를 합쳐 비교 분석하는 연구 실험 또한 수행하고 있는데, 우리나라와 미국이 공동으로 했던 한미 협력 국내 대기질 공동 조사Korea-United States Air Quality, KORUS AQ가 대표적인 사례다. 입체적인 관측이란 인공위성 관측을 통해 넓은 영역을, 선박 및 지상 관측 네트워크를 통해 좁은 영역을 관측하고, 부족한 부분은 항공 관측을 통해 보다 정밀하게 측정하며 이에 더해 수치 모델링으로 분석 결과의 정확도를 높이는 것을 말한다.

2016년 봄에 관측된 서울 상공의 초미세먼지는 40퍼센트 이상이 유기 에어로졸로 구성되어 있었으며, 그다음으로 황산염, 질산염, 암모늄염, 블랙카본 순인 것을 확인할 수 있었다.[29]

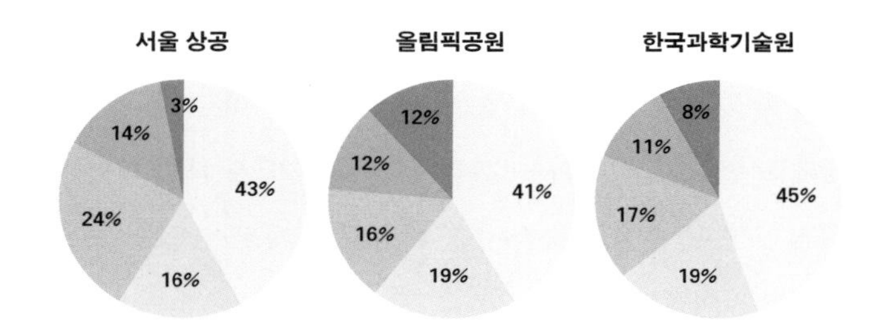

우리나라 초미세먼지의 구성 성분

이처럼 대기 환경 관측 결과를 다양하고 입체적으로 취합하는 것을 넘어, 오늘날에는 인공위성 자체로도 상당히 다양한 원격탐사 관측을 진행 중이다. 정지궤도 위성은 지구의 자전 속도와 동일한 속도로 돌면서 마치 지상의 한 지점에 고정된 것처럼 운용하는 형태인데, 이를 통해 우리나라 쪽 반구를 연속해서 모니터링할 수 있는 장점이 있다. 이때 반대쪽 반구는 전혀 관측할 수 없다는 단점이 있지만, 이것은 다른 정지궤도 위성을 이용해 모니터링하게 된다.

반면 이와 달리 극궤도 위성은 정지궤도 위성에 비해 낮은 고도에서 지구의 북극과 남극 상공을 남북 방향의 저궤도로 비행하는 위성을 말한다. 다시 같은 위치로 돌아올 때까지 짧게는 일주일에서 몇 달이 걸리기도 하는데, 적어도 극궤도 위성이 지나가는 기간의 경로 주변에 대해서는 더욱 정밀한 관측이 가능하며 고해상도의 자료를 얻을 수 있다는 장점이 있다.

이처럼 오늘날에는 대기 환경에 대한 보다 정밀한 결과를 얻기 위해 지구 주위에 떠 있는 수만 개 인공위성들의 위성 탑재 센서들을 적극 활용해 다각도의 자료를 수집 및 분석하고 있다.

과학과 공학의 우선순위

우리나라의 첫 정지궤도 위성은 2010년 쏘아 올린 '천리안'으로, 일본에서는 이보다 몇 해 앞서 히마와리 정지궤도 위성을 쏘아 올렸기에, 기상 관측에 히마와리로부터 받은 데이터를 적극 활용하고 있다. 2018년에는 우리나라의 '천리안 2'가 성공적으로 발사되어 과거에 비해 훨씬 더 많은 데이터를 받아 기상청 국가기상위성센터에서 이를 분석하고 있다. 오늘날 황사나 미세먼지 등의 정밀한 예보가 가능한 것도 인공위성을 적극 활용하는 원격탐사 관측 기술의 발달 덕분이라 할 수 있다.

천리안 1호와 2호의 두 정지궤도 기상위성을 서로 비교해보면, 가시 채널은 1킬로미터에서 500미터로, 적외 영역은 4킬로미터에서 2킬로미터로 격자 거리가 줄어 전체적으로 4배 정도의 공간 해상도 향상이 있었다. 그리고 전체 반구 영역에 대한 촬영 횟수가 시간당 1회에서 25분 간격의 4회로 늘어났고, 북반구 영역에서는 시간당 2회에서 6분 간격의 10회로, 우리나라 주변 영역에서는 시간당 4회에서 2분 간격의 30회로 시간 해상도도 몇 배 개선되었다. 뿐만 아니라 채널 수도 3배 정도 더 많아졌는데, 가시 채널은 흑백 1개에서 컬러 4개로 증가했고 근적외 채널은 새롭게 2개가 더 생겼다. 적외 채널도 4개에서 10개로 늘어나 전체적으로 천리안 1호에서 가용했던 5개 채널이 2호에서는 총 16개 채널로 증가해 채널 편광 분해능도 약 3배 정도 개선되었다.

이렇게 시간, 공간 및 편광 분해능이 증가하며 데이터양이 증가하면 관련된 산출 정보도 늘어날 수밖에 없는데, 구름 강수에 대한 산출물이 5개에서 19개, 에어로졸이나 복사에너지에 대한 산출물이 5개에서 16개, 대기 운동에 대한 산출물은 3개에서 6개, 표면 정보에 대한 산출물은 3개에서 11개로 증가해 전체적으로 16개였던 산출물이 52개로 약 3.5배 증가했다. 이처럼 증가한 산출물 중에는 에어로졸, 황사, 화산재 등에 대한 것도 포함되어 오늘날 이를 통해 보다 정확한 대기 환경 정보의 추출과 예보가 가능해졌다.

더구나 개선된 신형 위성을 쏘아 올렸다고 해서 기존의 위성을 폐기하는 것은 아니기 때문에, 증가된 위성들로부터 수집되는 방대한 양의 데이터를 분석해 지구환경에 대한 보다 많은 정보를 지속적으로 추출하고 있다. 현재 동아시아 영역만 하더라도 기존 위성에 한중일 신형 위성 3개가 더 올라가 추가된 상태다.[30]

2019년 제4회 한미 과학기술한림원 카블리 심포지엄Korean-American Kavli Frontiers of Science Symposium에서는 지구과학 분야의 주제를 대기오염으로 설정해, 한미 과학자들이 함께 심도 있는 토의를 나눴다. 여기에서 미국 캘리포니아대학교 어바인Irvine 캠퍼스의 김세웅 교수가 언급한 말 안에는 기후변화 문제를 대할 때 우리가 가져야 할 자세가 함축적으로 담겨 있다.

흔히 사람들은 공기오염 문제를 과학이 아니라 엔지니어링의 문제로 보고 있습니다. 당장 눈에 보이는 공기오염을 줄이는 데만 몰두해 본질적인 해결책을 찾지 못하고 단편적인 것에 집중합니다.[31]

사실 우리나라는 환경문제의 많은 부분을 과학보다 공학의 관점으로 생각하는 경우가 상당히 많다. 미세먼지 농도 저감 방안으로 인공 강우 등의 공학적 해결책만을 찾는 것도 그 예다. 최근에는 이처럼 지구환경에 대해 즉각적인 해결책을 찾기 위해 인위적으로 환경을 조절하려는 지구공학적 접근이 대두되고 있다. 그러나 사실 모든 환경문제는 과학에서부터 출발해야 한다.

1943년 7월 미국 로스앤젤레스와 1952년 12월 영국 런던에서 발생했던 스모그 문제에 미국이나 영국은 과학에 기반한 장기적인 정책들을 세우고 정확한 원인 규명을 위해 우선 노력하는 모습을 보여주었다. 우리는 바로 이 점에서 교훈을 얻어야 한다. 지구환경이 작동하는 원리에 대한 면밀한 과학적 이해 없이 성급하게 인공적인 환경 조절을 시도하는 것을 우리 모두 경계해야 한다.

미세먼지를 구성하는 많은 화학적 화합물들은 현재 제대로 연속적인 측정이 이루어지지 않았고 제한적인 관측만 이루어지는 상태다. 진단과 처방은커녕 아직 면밀한 검사 자체가 어려운 수준인 것이다. 여러 가지 화학반응의 결과 발생하는 2차 에어로졸의 발생 원인과 과정 또한 아직 정확히 규명되지 않았다. 특히 반응성 미량가스는 출처나 발생 원인이 아직 밝혀지지 않은 상황이다. 이런 중에 섣불리 공학적인 해결책만 내세우다가는 더욱 큰 후폭풍을 맞을 수도 있다. 과학적인 분석에 기반한 장기적인 정책을 수립해야 할 것이다.

지구 온난화, 1°C로 뒤바뀐 삶의 터전

고작 1도 올라간 지구온난화?

사실 에어로졸, 미세먼지보다 더욱 심각한 기후변화 문제는 지구온난화다. 지구온난화는 기후변화의 상징적인 현상일 정도로 전 지구적으로 영향을 미치는 핵폭탄급 문제다. 가까운 과거에만 하더라도 지구온난화를 정치적 이슈나 효율성을 앞세운 상업적 논리로 이용하면서 회의론이나 음모론으로 치부해버리는 일들도 있었지만, 산업혁명 이후 급격한 이산화탄소 농도의 증가 결과 온실효과가 발생했다는 것을 부정하는 과학자는 오늘날 그리 많지 않다.

중요한 것은 지금 우리가 이런 논란을 이어가고 있는 와중에도 지구의 온도는 계속 올라가고 있다는 것이다. 지구

입장에서는 지구온난화 문제를 풀기 위해 힘써야 할 시점에 탁상공론만 하고 있으니, 여러 가지 기후변화로 신호를 보내 노력을 촉구하고 있는 것이라고도 생각할 수 있다. 이에 유엔 차원에서도 여러 가지 대응을 통해 지속 가능한 발전을 이루고자 발 벗고 나서고 있다.

앞서 언급했듯이 온실효과는 태양의 복사에너지가 지구에 들어온 만큼 다 빠져나가지 못한 결과 지구의 온도가 계속해서 증가한 효과다. 대기 중의 여러 온실가스를 비교해보면 수증기를 제외하고 이산화탄소와 메탄이 1제곱미터당 가장 많은 에너지를 들어오게 하는 주요 원인이라는 것을 알 수 있다. 앞서 화산 폭발로 분출된 이산화황이 대기의 성층권에 머물며 지구의 온도를 떨어뜨린 사례를 소개했지만, 온도를 증가시키는 온실가스에 비하면 미미한 정도다.

그렇다면 온실가스의 영향을 쉽게 이해해보기 위해 대기의 존재 유무에 따른 지구 표면의 온도를 추정해 서로 비교해보자. 물론 실제 대기가 없는 상황을 관측할 수는 없으므로 수식적으로만 풀어볼 수 있다. 이에 따라 대기가 없을 경우는 영하 18도, 한 층으로 된 대기를 가정하는 경우는

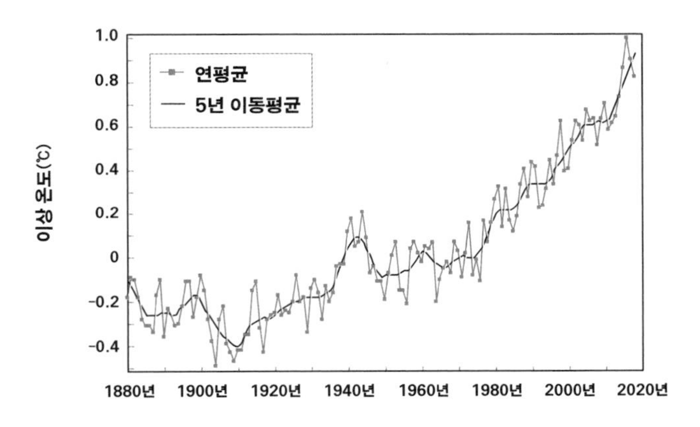

1도 이상 상승한 지구의 육상과 해양 온도

영상 30도의 값을 추정할 수 있다. 매우 단순화한 추정값이지만, 그 차이가 확연하다는 것은 이론적으로도 온실효과에 의한 지구온난화는 충분히 일어날 수 있는 현상이라는 것을 보여준다.

실제로 지표면과 해표면의 온도를 직접 관측한 결과를 보면 1880년부터 2000년까지 온도가 계속해서 증가했다는 확인할 수 있다. 1940년대의 온도를 기준점으로 삼아 0도로 보았을 때, 그 이전에는 0.4도 정도 낮았으며 그 이후로는 0.4도 정도 올라 약 0.8도가 상승했고 2020년 현재까지 이를 확장해보면 약 1도가 올라간 것을 알 수 있다.[32] 이산화탄소 농도와 마찬가지로 약 1000년 동안 일정하게 유지되던 온도가 단 몇 십 년 만에 1도 이상 급격히 상승한 것이다.

앞서 언급한 것처럼 기후란 기상과는 달리 최소 30년의 장기간 평균을 의미한다. 아침저녁으로 종종 10도 이상의 일교차가 발생하는 중위도의 기온처럼 받아들여서는 곤란하다. 기후는 낮과 밤, 여름과 겨울의 온도 차가 서로 상쇄되며 일정한 정도를 유지하는 장기간의 평균 상태다. 이런 관점에서 1도 이상의 온도 증가는 곧 오랜 기간 유지되어 온 지구 시스템의 균형이 깨진 것임을 의미한다. 단지 온도 1도 오르고 마는 단순한 문제가 아니다.

따라서 전 세계 유관 기관들은 14개 기후 모델 모의 결과 평균을 통해 기후변화 원인을 정확히 파악하고자 했다. 이에 지구 시스템의 자연적인 기후 변동성만 고려했을 때와 인간 활동에 의한 인위적인 이산화탄소 농도의 증가까지 고려했을 때의 경우로 나눠 모델링을 수행했다. 그 결과 지구온난화의 원인이 인간 활동이라는 점을 뚜렷하게 발견할 수 있었으며, 육상이나 해양으로 구분해도, 대륙별로 나누어도 그 결과는 모두 같았다. 즉 모든 경우에 자연적인 강제력만 고려했을 때는 발생하지 않던 지구온난화 현상이 인간 활동에 의한 이산화탄소 농도의 증가를 포함하면 발생했다. 지구온난화가 인간 활동을 원인으로 발생했다는 점이 확실히 증명된 것이다.

돌고 도는 지구 시스템과 생태계 전반의 변화

반복하지만 지구 시스템에는 자연적인 기후 변동성이 존재한다. 그중 태평양 10년 주기 진동Pacific Decadal Oscillation, PDO이 대표적인데, 태평양 해수면 온도가 10년을 주기로 우세한 변동을 보이는 것이다. 약 10년 정도의 주기로 태평양 서쪽의 온도가 하강하면 동쪽의 온도가 상승하고, 반대로 동쪽의 온도가 하강하면 서쪽이 온도가 상승하는 형태다. 태평양에서 이와 같은 공간 패턴을 가진 변동은 자연적인 기후 변동성으로 여겨진다.

뿐만 아니라 비교적 단기간인 2~4년마다 바뀌는 엘니뇨El Niño와 라니냐La Niña 또한 자연적인 기후 변동 과정의 하나로 생각할 수 있다. 이들은 일정한 공간 패턴을 따라 시간적인 변화를 일으키는데, 특히 1982~1983년, 1997~1998년, 2015~2016년에 우세한 변동을 볼 수 있었다.

정상적인 상태에서는 태평양 해상에 동풍인 무역풍이 강하게 불면 해양 표층의 고온수가 서쪽의 인도네시아 쪽으로 수송되어 쌓인다. 때문에 많은 양의 해수가 증발하며 구름이 많아지고 강수량도 증가하는 저기압성 상태가 되는데, 이때 동쪽의 아메리카 대륙 서부는 전반적으로 구름이 없고 맑고 건조한 고기압성 상태가 된다.

그러나 엘니뇨 현상이 나타나면 무역풍이 약해지면서 서쪽으로 밀렸던 해표면의 고온수가 동쪽으로 이동해 정상적인 상태와는 다른 형태의 대기 순환이 일어난다. 결국 이 시기에는 전 세계적으로 평소와 다른 홍수나 가뭄 등의 이상 기후가 나타난다. 이때 엘니뇨와 라니냐는 전 지구적인 수문 순환에 의해 태평양뿐만 아니라 지구 전체에 영향을 미친다.

여러 번 설명했지만 지구온난화는 이런 자연적인 변동성의 범위를 벗어나 인간 활동에 의해 추가적인 온도 상승이 일어났음을 보여준다. 따라서 자연적인 기후 변동성과 인간 활동에 의한 기후변화를 잘 구분하는 것은 무엇보다 중요하다. 그런 만큼 자연적인 기후변화에 관한 연구 또한 꾸준히 진행되고 있는 것이다.

오늘날 전 지구적인 기후변화로 촉발된 온도 상승은 지구 시스템 전반의 변화로 나타나고 있다. 산업혁명 이후 일어난 대기 중 이산화탄소 농도와 지표면 및 해표면 온도의 급격한 상승, 해수면의 상승, 빙하의 감소, 해양 열용량ocean heat content의 증가, 해양 산성화 등이 그것이다.

지표면 및 해표면의 온도가 상승하면서 이제 육상 및 해상의 빙하가 녹고 눈 덮인 면적 또한 줄어들고 있다. 뿐만 아니라 동식물의 서식지는 점점 더 북쪽으로 올라가고 수목 한계선은 극지쪽으로 향하고 있으며, 계절적으로도 봄이 오는 시기가 점차 더 빨라지고 있다. 이런 전반적인 지구 시스템 변화는 수문 순환, 생지화학 순환에 의해 전 지구적 상호작용을 거치며 특정 지역에 국한된 것이 아닌 지구 전체에서 일어나고 있다.

특히 생지화학 순환을 통해 이산화탄소 또한 해양에서 대기로, 대기에서 호수로, 호수에서 강으로, 강에서 다시 해양으로 끊임없이 순환하고 있다. 때문에 대기 중 이산화탄소 농도가 증가했다는 것은 바다가 흡수하는 이산화탄소의 양도 그만큼 증가해, 결국 해양의 용존탄소 농도 또한 증가했다는 것을 의미한다. 그리고 바닷속 이산화탄소 농도의 증가는 해양 산성화라는 문제로 연결된다.

이산화탄소는 바닷속에 녹아 들어가면 용존탄소 형태로 분리되면서 탄산염을 생성한다. 이때 탄산염은 해양 생물 중에서 칼슘 골격 갖는 생물들의 칼슘과 반응해서 석회화가 되며 탄산가스를 만들어낸다. 때문에 산호를 비롯해 갑각류와 같이 단단한 석회 골격을 가지고 있는 해양 생물들은 골격이 약해지며 생존에 위협을 받게 된다.

해양 산성화라는 말 그대로, 장기간의 관측 결과 실제 바닷물의 pH 농도는 1985년부터 현재까지 지속적으로 감소하며 산성화되고 있다.[33] 물론 여전히 바닷물은 산성이 아니라 염기성이지만, 장기적인 추세가 점차 산성화되는 방향을 보인다는 것이다.

이런 추세가 계속되면 2070년, 2080년, 2100년에는 생지화학 순환을 통해 대기 중 증가한 이산화탄소 농도가 해양 산성화로 이어지고, 그 결과 열대 해역까지 모두 산성화가 진행될 수 있다. 이 경우 적응력이 약한 물고기는 중추신경계 이상으로 방향 감각을 상실하고 그 외 어패류도 녹

사유의 새로운 지평

Philos 시리즈

인문·사회·과학 분야 석학의 문제의식을 담아낸 역작들
앎과 지혜를 사랑하는 사람들을 위한 우리 시대의 지적 유산

arte

Philos 001-003

경이로운 철학의 역사 1-3

움베르토 에코·리카르도 페드리가 편저 | 윤병언 옮김

문화사로 엮은 철학적 사유의 계보

움베르토 에코가 기획 편저한 서양 지성사 프로젝트
당대의 문화를 통해 '철학의 길'을 잇는 인문학 대장정

165*240mm | 각 904쪽, 896쪽, 1,096쪽 | 각 98,000원

Philos 004

신화의 힘

조셉 캠벨·빌 모이어스 지음 | 이윤기 옮김

왜 신화를 읽어야 하는가

우리 시대 최고의 신화 해설자 조셉 캠벨과
인터뷰 전문 기자 빌 모이어스의 지적 대담

163*223mm | 416쪽 | 32,000원

Philos 005

장인: 현대문명이 잃어버린 생각하는 손

리처드 세넷 지음 | 김홍식 옮김

"만드는 일이 곧 생각의 과정이다"

그리스의 도공부터 디지털 시대 리눅스 프로그래머까지
세계적 석학 리처드 세넷의 '신(新) 장인론'

152*225mm | 496쪽 | 32,000원

Philos 006

레오나르도 다빈치: 인간 역사의 가장 위대한 상상력과 창의력

월터 아이작슨 지음 | 신봉아 옮김

"다빈치는 스티브 잡스의 심장이었다!"

7,200페이지 다빈치 노트에 담긴 창의력 비밀
혁신가들의 영원한 교과서, 다빈치의 상상력을 파헤치다

160*230mm | 720쪽 | 68,000원

Philos 007

제프리 삭스 지리 기술 제도: 7번의 세계화로 본 인류의 미래

제프리 삭스 지음 | 이종인 옮김

지리, 기술, 제도로 예측하는 연결된 미래

문명 탄생 이전부터 교류해 온 인류의 70,000년 역사를 통해
상식을 뒤바꾸는 협력의 시대를 구상하다

152*223mm | 400쪽 | 38,000원

Philos 근간

*** **뉴딜과 신자유주의**(가제)

신자유주의가 어떻게 거의 반세기 동안
미국 정치를 지배하게 되었는지에 대한 가장 포괄적인 설명

게리 거스틀 지음 | 홍기빈 옮김 | 2024년 5월 출간 예정

*** **크랙업 캐피털리즘**(가제)

재러드 다이아몬드 『총, 균, 쇠』의 역사 접근 방식을
자본주의 역사에 대입해 설명한 타이틀

퀸 슬로보디언 지음 | 김승우 옮김 | 2024년 6월 출간 예정

*** **애프터 더 미라클**(가제)

40년 만에 재조명되는 헬렌 켈러의 일대기
인종, 젠더, 장애… 불평등과 싸운 사회운동가의 삶

맥스 월리스 지음 | 장상미 옮김 | 2024년 6월 출간 예정

*** **플러시**(가제)

뜻밖의 보물, 똥에 대한 놀라운 과학
분변이 가진 가능성에 대한 놀랍고, 재치 있고, 반짝이는 탐험!

브리 넬슨 지음 | 고현석 옮김 | 2024년 6월 출간 예정

*** **알파벳의 탄생**(가제)

인류 역사상 가장 중요한 발명품, 알파벳에 담긴
지식, 문화, 미술, 타이포그래피의 2500년 역사

조해나 드러커 지음 | 최성민 옮김 | 2024년 7월 출간 예정

*** **전쟁의 문화**(가제)

퓰리처상 수상 역사학자의 현대 전쟁의 역학과 병리학에 대한
획기적인 비교연구

존 다우어 지음 | 최파일 옮김 | 2024년 8월 출간 예정

*** **종교는 어떻게 진화하는가**(가제)

종교의 본질, 영장류와 인간의 유대감 메커니즘에 관한
학제 간 연구

로빈 던바 지음 | 구형찬 옮김 | 2024년 10월 출간 예정

Philos 018

느낌의 발견: 의식을 만들어 내는 몸과 정서

안토니오 다마지오 지음 | 고현석 옮김 | 박한선 감수·해제

느낌과 정서에서 찾는 의식과 자아의 기원

'다마지오 3부작' 중 두 번째 책이자 느낌-의식 연구에
혁명적 진보를 가져온 뇌과학의 고전

135*218mm | 544쪽 | 38,000원

Philos 019

현대사상 입문: 데리다, 들뢰즈, 푸코에서 메이야수, 하먼, 라뤼엘까지 인생을 바꾸는 철학

지바 마사야 지음 | 김상운 옮김

인생의 '다양성'을 지키기 위한 현대사상의 진수

이해하기 쉽고, 삶에 적용할 수 있으며,
무엇보다도 마음을 위로하고 격려하는 궁극의 철학 입문서

132*204mm | 264쪽 | 24,000원

Philos 020

자유시장: 키케로에서 프리드먼까지, 세계를 지배한 2000년 경제사상사

제이컵 솔 지음 | 홍기빈 옮김

당신이 몰랐던, 자유시장과 국부론의 새로운 기원과 미래

'애덤 스미스 신화'에 대한 파격적인 재해석

132*204mm | 440쪽 | 34,000원

Philos 021

지식의 기초: 수와 인류의 3000년 과학철학사

데이비드 니런버그·리카도 L. 니런버그 지음 | 이승희 옮김 | 김민형 추천·해제

서양 사상의 초석, 수의 철학사를 탐구하다

'셀 수 없는' 세계와 '셀 수 있는' 세계의 두 문화,
인문학, 자연과학을 넘나드는 심오하고 매혹적인 삶의 지식사

132*204mm | 626쪽 | 38,000원

Philos 022

센티언스: 의식의 발명

니컬러스 험프리 지음 | 박한선 옮김

따뜻한 피를 가진 것만이 지각한다

지각 동물, '센티언트(Sentients)'의 기원을 찾아가는
치밀하고 대담한 탐구 여정

135*218mm | 340쪽 | 30,000원

아내리는 등 전반적인 해양생태계 건강에 큰 위협이 가해질 수밖에 없다.

용존탄소의 증가와 함께 동시다발적으로 일어나는 용존산소의 감소 또한 심각한 해양생태계 문제다. 우리가 숨쉬는 데 필요한 산소의 절반 이상은 놀랍게도 육상 식물이 아니라 해양의 식물성 플라크톤들에 의한 광합성으로부터 비롯된 것이다. 따라서 용존산소가 감소하면 지구의 산소를 만들어내는 해양의 식물성 플라크톤들은 물론 이를 잡아 먹고 살아야 하는 동물성 플랑크톤들과 그 상위 영양 단계의 모든 해양 생물까지 위협을 당할 수밖에 없다. 나아가 종국에는 인간까지도 결코 자유로울 수 없을 것은 너무도 자명하다.

실제로 해수 중 용존산소의 양을 관측한 결과를 보면, 1956년부터 계속 줄어드는 추세에 있다. 특히 열대 동태평양은 전 세계에서 용존산소 농도가 가장 낮은 곳으로 그 농도가 가장 낮은 수심 층인 용존산소 최소층Oxygen Minimum Zone, OMZ이 지속적으로 확장되고 있으며, 이는 동태평양의 연안 생태계까지 위협하고 있다. 앞서 스크립스 연구소의 킬링이 이산화탄소 농도 증가를 지속적으로 관측한 것처럼, 그

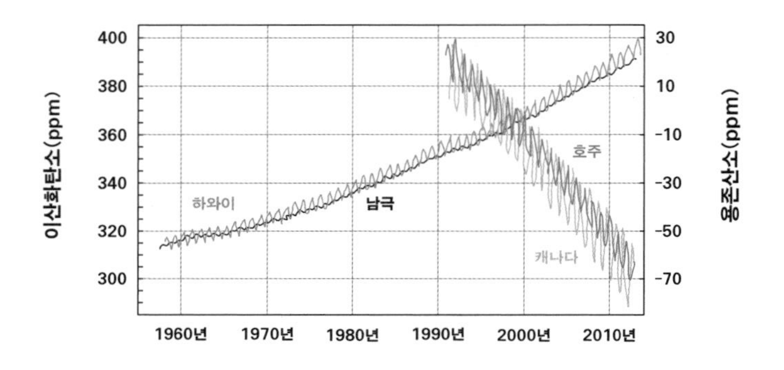

이산화탄소의 증가와 산소의 감소

의 아들 랄프 킬링Ralph Keeling은 대기 중 산소 농도 감소를 꾸준히 관측해 이런 주장을 뒷받침하고 있다.

대기 중 산소와 이산화탄소 농도의 변화로 해양생태계 전반의 변화가 나타나는 것 또한 공간적으로는 다른 분포를 보인다. 1차 생산력이 높은 해역에서는 식물성 플랑크톤들이 광합성을 활발히 하며 많은 양의 산소를 만들어낼 수 있지만 그렇지 않은 해역은 생태계에 심각한 위협을 받고 있다. 종종 용존산소의 부족으로 빈산소화hypoxia가 된 해역에서 어류 등이 집단 폐사하는 장면을 어렵지 않게 목격할 수 있다.

뜨거워지는 바다, 사라지는 빙하, 올라가는 해수면

지구온난화는 전 지구 모든 곳에서 같은 정도로 진행되고 있지 않다. 지구 전체적으로는 기온이 약 1도 상승했지만 지역에 따라 기온이 훨씬 더 빠르게 상승하고 있거나, 오히려 하강하고 있는 곳도 있다. 공간적으로 차이를 보이는 불균등한 온난화가 벌어지고 있는 것이다.

특히 해표면의 온도 상승의 경우 지구온난화의 영향 중에서도 주의를 기울여야 한다. 해수와 같은 물은 대기를 이루는 공기에 비해 비열이 월등히 커서 데우기 위해서는 많은 에너지가 필요하지만 한번 데워지면 잘 식지도 않는다. 고온수와 저온수 사이의 열용량 차이가 대기에 비해 매우 큰 것이다. 따라서 오늘날 지구온난화로 증가된 열의 93.4퍼센트에 해당하는 대부분이 해양에 있는 것은 전혀 놀랄 일이 아니다.[34] 이밖에 대기에 2.3퍼센트, 대륙에 2.1퍼센트, 빙하에 0.9퍼센트, 북극 해빙에 0.8퍼센트, 그린란드 빙붕에 0.2퍼센트, 남극 빙붕에 0.2퍼센트의 열이 흡수되어 있다.

따라서 이미 흡수된 열뿐만 아니라 앞으로 지구온난화로 증가하는 열의 상당 부분 또한 대부분 해양에서 흡수될 것이다. 그런 만큼 고온수와 저온수를 수송하는 해류의 변화와 해양의 순환을 잘 이해하는 것이야말로 기후변화 문제를 푸는 중요한 열쇠다. 기후변화로 나타나고 있는 해양의 온난화 현상 또한 전 대양에서 균등하게 일어나는 것이 아니라 공간적으로 불균등하게 일어나고 있는데, 남반구에 비해 특히 북반구의 해양에서 수온 상승이 더 뚜렷한 형태를 보인다.

해양 열용량 또한 산업혁명 이후 지속적으로 증가해서 대서양, 태평양, 인도양 모두 남쪽과 북쪽을 나눠보든 전체로 보든 모두 열용량이 증가했다. 전 대양을 남반구와 북반구로 나누거나 전체로 봤을 때도 마찬가지다. 이런 열용량의 증가는 심지어 4000~6000미터 심해에서도 확인된다. 지난 세기 100년 동안 남빙양에서는 수온이 0.1~0.2도 상승했으며 전 지구적으로도 0.1도 이내로 상승했다.[35]

100년 동안 0.1도이므로 1년에 0.001도 정도의 측정도 어려울 만큼의 작은 상승이지만, 열용량이 매우 큰 수온의 경우 변화는 작아도 지구온난화로 증가된 열의 대부분을 포함하고 있음을 잊지 말고 유의해야 한다. 또한 남빙양은 보다 빠른 속도로 온난화가 이루어지고 있는 만큼, 작은 수온 변화도 감지할 수 있는 정밀한 수온 센서를 이용해 지속적으로 관측해야 하는 곳 중의 하나다. 남빙양의 온난화는 공간적으로는 불균등하게, 전체적으로는 심층에서 빠르게 진행되고 있으며, 이는 기본적으로 남극에서 생성되는 남극저층수와 관련이 있다.

특히 서남극West Antarctica의 스웨이츠Thwaites 빙붕의 경우 최근에 다른 곳보다 더 빠르게 녹아내리고 있는데, 빙붕 밑으로 어는점 이상의 온도를 가진 고온수가 흘러들어가는 것이 원인으로 알려져 있다. 문제는 이런 방식으로 계속해서 빙붕이 녹다 보면 지반에서부터 떨어져 지반 선이 점점 후퇴하고, 빙붕 자체가 점점 얇아지면서 아예 빙붕 전체가 붕괴할 위험이 있다는 것이다. 이 경우 현재 진행 중인 해수면 상승이 더욱더 빠르게 가속화될 수도 있다. 때문에 스웨이츠 빙붕은 해수면 상승 전망에 가장 큰 불확실성을 주는 요소로 알려져 있다.

이처럼 해수의 온도가 올라가면 바다에 떠 있는 해빙은 물론 인접해 있는 대륙의 빙하도 녹아내려 바다로 더 많이 흘러들어오게 된다. 이를 빙하 용융이라고 하는데, 북극해를 약 30여 년의 간격을 두고 같은 계절에 비교해보면 해빙 면적이 상당히 줄어든 모습을 확인할 수 있다. 앞서 자연서비스 기능의 관점에서만 보면 인류의 물류 수송에 상당히 큰 혜택을 주는 북극항로의 개척으로 볼 수도 있겠으나, 기후변화라는 면에서는 인류가 그동안 전혀 겪어보지 못한 지구환경에 접하게 되는 매우 심각한 상황이 아닐 수 없다.

연구에 따르면 해빙 면적은 계절적인 변동과 상관없이 1970년대부터 최근까지 지속적으로 줄어들고 있다. 주로 봄철인 3월에 면적이 최소로 줄어들다가 가을, 겨울이 되면서 점차 넓어지는 계절 변동을 보이는데, 2017년에는 이전처럼 전형적인 모습을 보이지 않고, 용융이 가속화되며 급격히 줄었다. 북극의 해빙 면적을 봤을 때 가속화 정도는 지난 1450년 동안의 변화 정도를 넘어서는 것이다.[36]

이처럼 손실되는 빙상은 질량으로 나타내면 북극에서는 평균적으로 연간 281기가톤, 남극에서는 연간 125기가톤에 달한다. 북극보다는 천천히 녹고 있지만 남극, 특히 서남극 중에서도 아문센해 부근은 매우 빠르게 빙상이 손실되고 있는 데다가 그 불확실성까지 큰 상황이다. 그만큼 연구 또한 활발히 진행 중이다.

서남극 스웨이츠 빙붕 용융과 빙상 붕괴 시나리오

해수면 상승은 크게 두 가지 원인으로 일어난다. 먼저 해수의 온도 상승으로 빙하가 녹는 것이다. 이 경우 고체로 있던 물이 액체로 변해 해양에 유입되면서 해수의 질량 자체가 증가하게 된다. 다른 하나는 해양의 수온이 올라가면서 열적으로 부피가 팽창한 결과 해수면이 상승하는 것이다. 이처럼 대륙에서 얼음 형태로 있던 물이 바다로 흘러들어오며 질량이 증가하거나, 수온의 증가로 부피가 팽창하면서 평균 해수면은 전 지구적으로 꾸준히 상승하고 있다. 물론 전체적인 상승과는 별개로 공간적으로는 지역에 따라 그 상승률이 각기 다르게 나타난다.

이처럼 평균 해수면이 상승하면 과거에 폭풍이나 태풍으로 해수면의 범람이나 지진해일의 영향을 받았던 지역보다 더 방대한 면적에서 피해가 발생할 가능성이 높아진다. 이런 추세라면 2100년에는 전 세계 연안에 있는 대부분의 대도시들까지 위험에 처할 수 있다. 특히 저지대에 많은 인구가 거주하고 있는 나라일수록 그 피해는 클 수밖에 없다.

대표적으로 몰디브와 같은 나라들은 해수면이 1미터만 상승해도 아예 흔적도 없이 사라지게 된다. 잘 알려진 전 세계의 대도시들 뉴욕, 런던, 도쿄, 상하이, 자카르타, 뭄바이, 서울 및 인천 등도 거의 모두 연안 도시들에 해당되는 만큼 침수 피해가 증가될 것이라 전망된다. 그리고 이로 인해 전 세계 인구 중 적어도 1억 명이 직접적인 영향을 받을 것으로 추정되고 있다. 해수면 상승 문제가 전 지구적 문제일 수밖에 없으며, 우리나라도 국가 차원의 대비가 필요한 이유가 이것이다.

주목할 점은 1972~2008년 기간에는 해수면의 상승에 미치는 위 두 가지의 원인이 서로 비슷한 정도의 효과를 보였지만 1993~2008년 기간에는 빙하가 녹아 질량이 증가한 효과가 더욱 큰 영향을 미쳤다는 점이다. 이는 빙하의 용융 속도가 과거보다 더욱 가속화되고 있으며, 앞으로는 더욱더 심각해질 것이라는 점을 시사한다. 보다 자세히 살펴보면, 1993~2015년 기간 동안 해수면 상승의 원인으로는 빙하, 그린란드, 남극 대륙의 해빙 용융이 총 45퍼센트로 가장 많은 비율을 차지하며, 해수의 수온 증가로 인한 열팽창이 43퍼센트로 그 다음을 차지한다.[37]

이에 해수면 상승을 세부 원인별로 나누고 1986~2005년 평균 대비 2081~2100년의 평균 해수면 상승 정도를 예측하는 연구를 진행했으며, 그 결과 다양한 미래 기후변화 시나리오인 A1B, RCP2.6, RCP4.5, RCP6.0, RCP8.5를 도출해 각각의 평균 해수면 상승 정도를 비교했다. 참고로 시나리오명 RCP 뒤의 숫자는 이산화탄소 배출 정도와 관련 있는 것으로 이산화탄소 배출량이 미래에도 지금과 거의 유사할지 적게 감소할 것인지, 크게 감소할 것인지를 의미한다.

미래에도 현재의 수준으로 이산화탄소를 계속 배출하는 RCP8.5 시나리오에 따르면 금세기 말까지 해수면은 약 0.6미터 상승할 것이고, 여러 가지 노력으로 이산화탄소 배출을 크게 감소시키면 RCP2.6 시나리오에 따라 약 0.4미터 올라갈 것이라고 한다. 그러나 현재까지 실제 해수면의 상승 정도는 가장 안 좋은 시나리오인 RCP8.5의 전망치보다도 더 빠르게 올라가고 있다. 어쩌면 이 전망 또한 과소 추정했을 가능성도 배제하기는 어렵다.

이처럼 지구온난화로 상징되는 전 지구적 기후변화는 단지 온도 1도의 상승으로 뭉뚱그릴 수 없는 거대한 움직임이다. 빙하가 녹고, 평균 해수면이 상승하며, 해양생태계 전반이 위험에 처하는 등 자연의 평정을 깨뜨린 인류가 지구 시스템의 작동 방식을 수정한 결과 맞이한 인류세적 사태인 것이다.

미래의 기후변화 시나리오

다가올 미래 기후변화를 예측하다

오늘날 지구 시스템은 기후변화를 겪으며 전례 없던 방식으로 작동하고 있다. 과연 인류는 이런 지구에서 앞으로도 생존할 수 있을까? 지구를 버리고 아예 우주로 떠나야 하는 것은 아닐까? 그러나 우리는 아마도 계속 지구에서 살아갈 수 밖에 없을 것 같다. 그렇다면 우리 후손들의 삶은 어떻게 해야 할까? 우리가 살고 있고, 후손들이 살아갈 지구를 우리는 어떤 상태로 물려주어야 할까?

> 지구는 조상에게 물려받은 것이 아니라, 후손에게 빌려온 것이다.

미 대륙 인디언들의 격언이다. 이런 인식을 통해 최근에는 지구에서 더 오래 살아갈 젊은 세대들이 중심이 되어 기후변화 대응을 촉구하는 목소리를 점점 키우고 있다. 우리가 지금 행동하지 않으면 후손들에게 져야 할 책임은 눈덩이처럼 커져나갈 것이다.

잘못된 지구 사용 방식에 대한 문제 인식과 앞으로의 기후변화 문제에 대한 대응이 비록 많이 늦은 것은 사실이지만, 최근에는 유엔 차원에서 책임감 있는 움직임이 일어나고 있으며, 많은 국가에서 이에 동참하고 있다. 유엔은 2015년에 지속 가능 개발 목표 17개와 그 세부목표 169개를 정리해 선언하고, 국가별 이행을 점검하고 있으며, 여기에는 빈곤이나 질병 등 인류의 보편적 문제와 기후변화나 에너지 등 지구환경 문제, 생산과 소비, 사회구조 등의 사회경제 문제가 모두 포함된다. 또한 2021년부터 2030년까지를 '해양과학 10년(2021~2030)'으로 설정해 지구 시스템의 작동 원리를 이해하기 위해 반드시 필요함에도 그동안 활동이 부족했던 바다로 눈을 돌리기 시작했다.

앞서 미래 기후변화 시나리오를 잠깐 설명했는데, 이산화탄소 배출 정도로 구분하는 RCP 시나리오 외에도 미래의 변화 방향으로 전망하는 시나리오들도 있다. 크게 A1, A2 시나리오와 B1, B2 시나리오로 나뉘는데, A는 경제를, B는 환경을 더 중시하는 쪽이며, A1, B1은 전 지구적으로 공통적인 변화를, A2, B2는 지역적으로 나타나는 차이가 큰 변화를 설명한다. 다시 A1 중에서도 A1B 등으로 더욱 세분화하기도 한다.

각 시나리오별로 인구나 경제 성장률, 에너지 사용률, 기술 발전 정도, 환경에 대한 의식이 다른데, A2 시나리오의 경우 2100년까지 표면 온도가 3도 이상 오를 것이라 전망한다. 이는 RCP8.5 시나리오의 상승분인 3.2~5.4도에 해당한다. 만약 이산화탄소 배출을 2000년 수준으로 계속 유지하는 경우에는 온도 상승이 1도에서 머무를 수도 있을 테지만 오늘날의 상황으로 봤을 때 그 가능성은 지극히 희박하다. 현재 1도만 올라간 상황에서도 전 지구적으로 전례 없었던 환경 변화가 일어나고 있는데, 만일 전 지구의 평균 온도가 3~4도까지 올라가면 과연 어떤 결과가 초래될지는 이제 상상조차 하기 어렵다.

한편, 세계기상기구와 유엔환경계획UNEP이 공동으로 설립한 유엔 산하의 기후변화에 관한 정부 간 협의체IPCC에

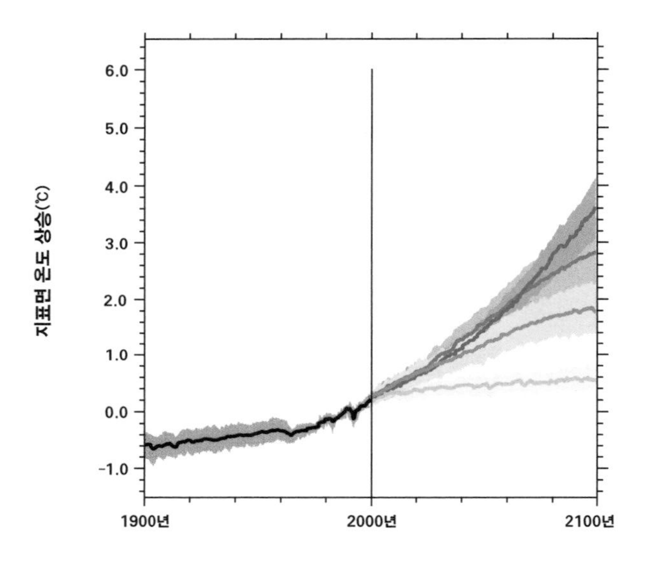

기후변화 시나리오별 지표면 온도 상승 결과 평균[38]

서는 그동안 정기적으로 발간하던 기후변화 평가 보고서 Accessment Report 외에 2019년부터 특별 보고서를 발간하기 시작했다. 「지구온난화 1.5도 특별 보고서Special Report on the Impacts of Global Warming of 1.5°C」와 「해양 및 빙권 특별 보고서Special Report on the Ocean and Cryosphere in a Changing Climate」가 그것으로, 이런 이례적인 움직임에는 어떤 일이 있어도 1.5도 이상은 오르지 않도록 하자는 절박함과 지구 시스템에서 이해도가 특히 떨어지는 해양과 빙권에 대한 과학적 도전을 강화하자는 의지가 엿보인다.

기후변화 시나리오가 예측하는 지구환경의 변화 중에는 지표면 온도 외에도 이산화탄소 농도, 해수면의 변화 등도 포함되어 있다. 해수면 상승의 정도도 시나리오별로 다른데, 과거에는 최악의 시나리오가 평균 1미터의 해수면 상승을 전망했지만, 현재는 이미 이 전망을 벗어나 더욱 빠른 속도로 상승하는 상황이다. 지구 평균 해수면의 상승에 따라 이제 해안가의 도시를 비롯해 전체 토지를 이용하는 방식 자체에 변화가 필요하다.

예를 들어, 해안 구조물 설치 시 기준으로 삼는 설계파의 경우 전혀 다른 양상의 보다 강력한 파가 평균 해수면의 상승으로 나타날 수 있다. 이때는 기존의 해안 및 해양공학적 설계 기준을 모두 바꿔야 할 수도 있다. 방파제나 해안 시설들의 설치 방식 또한 상승하는 해수면에 맞춰 변경하지 않으면 해수 범람을 포함한 연안 재해 취약도가 급증하게 될 것이다. 지금처럼 이산화탄소를 배출하다가 최악의 RCP8.5 시나리오처럼 진행된다면 오늘날 1년에 한 번 겪을 재난을 2100년에는 매달 겪게 될 수도 있다는 의미다.

따라서 미래 기후변화 시나리오별로 발생 가능한 지구환경의 전반적인 변화를 다양한 각도에서 예측 혹은 전망하는 작업이 필요하다. 대기 중의 이산화탄소 농도, 전 지구 표면 온도, 해표면 온도, 전 지구 평균 해수면 상승, 그린란드 빙붕의 감소, 남극 빙붕의 감소, 육상 빙하의 감소, 해양의 열용량 증가, 고수온 해양 열파의 발생, 해수의 pH 산성화와 용존산소의 감소, 북극의 해빙 및 눈 덮인 면적 감소 등 모두 우리가 계속 예의주시해야 할 지구환경 변화들이다.

긍정적인 RCP2.6과 부정적인 RCP8.5 두 시나리오 중 우리가 목표로 삼아야 하는 쪽은 너무나 분명하다. 우리 모두 RCP2.6 시나리오 결과에 가까워지도록 지구환경을 관리하는 데 노력을 더해야 한다. 최근에는 온실가스 배출량뿐만 아니라 사회경제적인 변화까지 고려한 시나리오들도 새롭게 수립하고 있는 만큼, 더욱 많은 관심을 갖고 대하는 자세가 필요하다.

모두의 노력으로 지켜내야 할 모두의 지구

최악의 미래 기후변화 시나리오를 피하기 위해서는 단지 몇몇 나라만 움직여서는 안 된다. 현재의 상황에서는 해결이 약간 부족한 정도가 아니라 아예 불가능한 지경이다. 이에 따라 앞서 언급한 것처럼 유엔에서는 국제적인 협조 체계를 통해 미래 세대에게 빚을 지우는 행동을 그만하고 지구환경을 개선하기 위한 지속 가능 개발 목표를 수립하고, 유엔 산하의 IPCC에서는 극지역의 급격한 용융의 심각성을 인식하고 2019년에 「해양 및 빙권 특별 보고서」를 발간했다. 이런 활동을 통해 2007년 노벨평화상의 영광이 앨 고어Al Gore를 비롯한 평가 보고서 참여 기후과학자들에게 돌아가기도 했다.

「해양 및 빙권 특별 보고서」에 따르면 최악의 시나리오의 경우 전 지구 평균 해수면이 1미터 89센티미터까지 상승한다고 한다. 앞서 해수면이 1미터만 올라가도 전 세계적으로 1억 명이 영향을 받는다고 했듯이 이 경우 심각한 재앙을 초래할 수밖에 없다. 그런 의미에서 앞서 언급한 「지구온난화 1.5도 특별 보고서」를 통해 급격한 온도 상승에 대한 시급한 대응을 전 세계에 촉구하고 있는 것이다.

이처럼 기후변화에 대응하기 위한 국제적인 노력의 시작은 1972년 6월 국제연합인간환경회의UNCHE로, 스웨덴 스톡홀름에서 전 지구적인 환경문제가 처음 종합적으로 논의되었기 때문에 스톡홀름회의라고도 한다. 이후 1992년 6월 브라질 리우에서 열린 유엔기후변화협약UNFCCC에서는 형평성, 공통의 차별화된 책임, 지속 가능 발전이라는 원칙 아래 기후변화에 인류 공동으로 대항하기 위한 국제사회의 기본법적 역할을 정의했으나 구체적 강제 사항이 없는 형태였다.

이후 1997년 12월 일본 교토에서 개최된 유엔기후변화협약 제3차 당사국총회에서 채택된 교토의정서Kyoto protocol는 구체적인 의무사항을 명시해 실행법적 역할을 했다. 여기에서는 6대 온실가스를 이산화탄소, 메탄, 아산화질소, 수소불화탄소, 과불화탄소, 육불화황으로 정리하고 선진국에 구속력 있는 감축 목표를 규정했다. 그 후 2001년 11~12월 남아공 더반에서의 더반결정문Durban Outcome을 통해 2012년 교토의정서의 종료에 대비해서 선진국과 개도국의 협의 체제를 마련하려고 했으나 실패하고 만다.

그러다 최근 2015년 프랑스 파리에서 개최한 파리기후변화협정Paris Climate Change Accord에서는 선진국에만 온실가스 감축 의무를 부과하던 것을 넘어 전 세계 196개국이 모두 참여하는 보편적 체제를 마련했다. 그 핵심이 지구의 평균 기온 상승을 2도 이내보다 상당히 낮은 수준으로 유지하기로 한 것인데, 세부적으로는 1.5도 이하로 제한한다는 내용을 포함하고 있어 사실상 제한 목표를 1.5도 이내로 제시했다고 보는 것이 타당하다.

이외에도 온실가스를 오래 배출해온 선진국이 더 많은 책임을 지고 개도국이 기후변화에 따른 올바른 대응을 할 수 있도록 대처 사업에 2020년부터 매년 최소 1000억 달러를 지원해준다는 내용도 포함되어 있다. 그리고 이후 2023년부터 5년마다 당사국이 감축 약속을 지키는지를 검토하기로 했다.

우리나라는 온실가스 배출량이 세계 7위이고, 초미세먼지의 노출 정도도 가장 상위권에 들 만큼 기후변화 문제에서 자유롭지 않은 나라다. 이에 파리기후변화협정에 따라 2030년의 온실가스 배출 전망치Business As Usual, BAU 대비 37퍼센트까지 감축하겠다는 자발적 감축 목표를 제출했다. 온실가스 배출 전망치란 온실가스 감축을 위한 어떤 노력도

하지 않았을 경우의 예상치로, 이를 기준으로 일정 비율을 줄인다는 것이다. 그러나 아직 우리나라의 경우 산업의 에너지 효율이나 신재생 에너지를 개발하기 위한 산업 기반 시설이 부족한 것이 사실이다. 따라서 에너지 신사업을 활성화하고, 저탄소 기술 개발 등으로 저비용 감축 수단을 마련하는 것이 중요하다.

이를 위한 노력으로 무엇보다 기본이 되는 것은 지구환경에 대한 정밀한 감시와 진단인 만큼, 인공위성을 통해 기상 및 해양의 실시간 모니터링도 꾸준히 하고 있다. 또한 유엔에서 설정한 17개 목표 중 해양 문제에 더욱 주목해, 해빙 현상이 빠르게 일어나고 있는 서남극을 연구하기 위한 노력도 계속해서 기울이고 있다.

미국국립과학재단NSF과 영국 자연환경연구위원회NERC의 지원으로 주요 과학 선진국들은 서남극 빙상 중에서도 빠르게 용융이 발생하고 있는 스웨이츠 빙붕에 대한 탐사 노력을 주도하고 있으며, 여기에는 우리나라도 가세해 쇄빙선인 아라온호를 활용한 서남극 스웨이츠 빙붕 탐사를 2019년부터 수행하기 시작했다.

문제의 시작과 답은 결국 과학에 있다

이산화탄소는 우주에서 가장 풍부한 원소 중의 하나다. 그런 이산화탄소의 대기 중 농도가 급증하고, 이것이 수문 순환과 생지화학 순환에 의해 생명체, 육지, 바다, 대기, 지구 내부에서 끊임없이 이동하는 것의 문제점을 인지한 것은 과학의 힘이었다.

산업혁명 이후에 인간은 지난 3만 년 동안 땅속에 매립되어 있던 석탄층을 사용해 기후를 인위적으로 변화시켰다. 그 결과 대기 중 이산화탄소 농도가 증가하고 이 때문에 지표면과 해표면의 온도는 1도 이상 증가했다. 특히 지구온난화로 증가된 열의 대부분을 해양이 흡수하면서 해수의 수온과 해양 열용량이 크게 증가해 빙권이 빠르게 감소하고 해수면 상승이 가속화되고 있을 뿐만 아니라 해양이 산성화되는 등 해양 생태계 전반과 지구 시스템의 작동 방식까지 변하는 악순환을 겪고 있다. 그리고 이런 문제를 진단하기 시작한 것 또한 과학이었다.

따라서 기후변화 문제에 대응하기 위해서는 무엇보다 해양과 극지에 대한 연구가 필요하다. 해양 순환을 통해 지구 전체의 상당한 열 조절이 이루어지기 때문이다. 밀도가 높은 극지의 저온수가 심층으로 가라앉은 결과 만들어지는 심층수는 전 세계 대양을 순환하면서 대기에 열을 내보내기도 하고 대기로부터 열을 흡수하기도 하는 등의 열교환을 통해 기후를 조절한다. 이 과정을 통해 표층 해류는 북극 그린란드 해역으로, 심층 해류는 그린란드부터 다시 남쪽으로 흘러내려가 남극 주변을 도는 남극순환류Antarctic Circumpolar Current, ACC로 이어진다. 남극순환류를 타고 해수는 서쪽에서 동쪽으로 흐르다가 인도양 내부로도 태평양 내부로도 유입된다. 이런 방식으로 해양이 순환하면서 지구의 열을 조절하고 있는 것이다.

그런데 오늘날 기후변화로 이 해양 순환 시스템에도 변화가 감지되고 있으며, 전례 없었던 지구환경 변화를 동반하게 되었다. 인체에도 혈액이 잘 순환하지 않으면 병이 드는 것처럼 지구환경도 해양 순환 시스템에 이상이 생기면 여러 문제들이 발생할 수 있다.

최악의 기후변화 시나리오대로 지속될 경우 2100년까지 3도의 기온 상승은 피할 수 없는 현실이 된다. 이 경우 전 지구적인 생태계는 큰 재앙을 맞을 수밖에 없다. 인류가 인위적으로 지구의 기온을 상승시킨 만큼, 다시 인위적인 노력으로 기온 상승을 억제해야 한다. 유엔 중심의 국제적인 대응 노력이 무엇보다 절실한 이유다.

이를 위해서는 기후를 조절하는 해양과 극지에 대한 이해가 무엇보다 중요하며, 과학에서부터 그 답을 찾아가려는 것은 그 핵심이라 할 수 있다. 여러 지구환경 문제를 진단해 문제를 자각하게 한 것도 과학이었듯, 이 문제를 푸는 해결책을 찾는 것 또한 과학이다. 결국 과학에서 출발해야 한다.

Q 묻고

답하기 A

해양과 빙권에 대한 연구가 기후변화 문제를 이해하고 진단할 때 무엇보다 중요한데도 그동안 활발히 연구하지 못했던 이유는 무엇인가?

사실 인류가 드넓은 바다 곳곳에 접근해 해양을 본격적으로 관측할 수 있게 된 것은 그리 오래되지 않았다. 선박을 만들어 해상 무역 등을 통해 해상 교통로를 개척하고, 바다를 전장으로 하는 해군을 창설해 군사적으로 활용하는 등 오래전부터 바다가 인류의 삶과 밀접하게 관련되어 있던 것은 사실이다. 그러나 바닷속 환경을 과학적으로 이해하기 위한 해양학 관측과 해양과학 측면에서의 접근은 이제 막 걸음마를 뗀 수준에 불과할 정도다.

전기자동차가 다니고 스마트폰을 사용하며, 우주여행을 꿈꾸면서 무수히 많은 인공위성을 쏘아 올리는 오늘날 21세기에도, 인류의 해양 접근성은 여전히 우주보다도 더 떨어지는 것이 사실이다. 비행기로 태평양을 하루 만에 건널 수 있는 오늘날에도, 태평양 한가운데 해역을 선박으로 조사하기 위해서는 최소 일주일에서 길게는 한 달의 시간을 투자해야만 한다.

정해진 항로를 통한 물류 수송 및 여객 등의 상업적인 목적, 군사적인 목적과 과학적인 목적의 해양 연구는 다른 차원의 이야기다. 표층부터 심층에 이르기까지 넓디넓은 바닷속을 샅샅이 연구항해하며 입체적인 승선 조사를 하기 위해서는 수십만에서 수백만 척의 연구 조사선이 더 필요할지도 모른다.

이에 더해 여전히 해양의 부피 대부분을 차지하고 있는 심해에 대한 접근성은 지극히 제약되어 있다. 사람이 잠수를 통해 접근할 수 있는 수심 범위는 해양 표층으로 국한된다. 빛도 없고 수압도 상당히 높은 수천 미터 수심의 심해에는 장비를 내려보내는 일조차 간단하지 않다. 극지 또한 해빙 등에 막혀 쉽게 접근할 수 있는 곳이 아니다. 우리나라가 쇄빙선을 통해 극지의 결빙 해역에 접근하게 된 것도 불과 10년 전의 일이다.

그나마 바람과 해류를 이용해 항해하던 과거와 달리 현대화된 첨단 연구 조사선에서 인공위성을 통해 육상과 교신이 가능해졌고, 첨단 해양관측 장비들을 활용해 해양 환경을 측정하고 분석하면서 최근에는 그 기술이 비약적으로 발전하기도 했다. 해양에 대한 인류의 이해도가 급격히 향상될 수 있었던 것도 그 이유다. 더구나 점점 증가하는 무인 관측 플랫폼과 센서들로 전례 없던 방식의 해양관측이 시도되면서, 오늘날에는 불과 지난 세기에는 상상할 수 없었던 수준의 해양 관측을 이뤄내는 중이다.

사실 기후변화로 야기된 빙하 용융, 해양 온난화, 해수의 열용량 증가, 해양 산성화 등은 이처럼 급격히 향상된 해양 관측 기술이 없었다면 발견하기 어려운 문제였다. 조금 더 일찍 해양과 빙권의 중요성을 알고 활발한 과학적 연구를 수행했으면 좋았겠지만, 비약적으로 발전한 관측 기술에 힘입어 지금에서야 드넓은 바다와 험난한 극지, 깊숙한 곳곳의 환경을 감시하며 그 중요성을 새삼 깨닫기 시작한 것이다. 앞으로의 해양 관측 기술의 발전 정도와 이로부터 얻어낼 과학적 연구 성과에 우리 모두의 관심이 필요하다.

3부

생존을 넘어 공존으로

- 거대 쓰레기, 자원 부족

파괴된 지구에 대한 인류 심판의 날이 가까워지고 있다. 우리 모두 마지막 운명의 날이 도래하기 전 행동해야 한다. 푸른 행성, 지구에 남아 있는 마지막 기회를 잡아야 한다. 끝없는 신비와 자원이 묻혀 있는 곳, 바로 바다에서.

지구 종말까지 단 100초

기후 급변의 현실과 마주하다

앞서 자연재해와 기후변화를 살펴보며 지구환경에 일어나고 있는 부정적인 현상들의 원인과 인류 차원에서의 대응 방향에 대해 이야기했다. 이번에 알아볼 주제 또한 전 지구적인 환경오염 문제다. 기후변화와 연관 지어 대기오염을 이야기했듯이, 이번에는 태평양의 거대 쓰레기로 대표되는 해양오염에 대해 짚어보고자 한다. 여기에 유엔의 지속가능 개발 목표와 연결해 물, 식량, 에너지 등의 자원 문제에 대해서도 생각해보고자 한다.

그러나 이에 앞서 먼저 귀 기울여야 할 이야기가 있다. 바로 기후변화를 넘어 기후 급변으로 표현되고, 자원 부족으로 표면화된 전 지구적인 환경오염이 인류에게 끊임없이 보내고 있는 경고 메시지다. 제9대 유엔 사무총장 안토니우 구테흐스António Guterres는 《타임》지와의 인터뷰를 통해 극심한 환경오염에 대한 경각심을 일깨웠다.[39]

> 전 세계는 지금 엄중한 기후 급변 사태에 직면했습니다. 매주 홍수, 가뭄, 열파, 산불, 폭풍 등 기후와 관련된 자연재해가 빈번히 발생하고 있습니다.

표지를 장식한 그는 정장 차림으로 물속에 직접 들어가 잠겨 있는 모습이다. 지구온난화에 따른 해수면 상승을 경고하는 것이다. 이제 전 세계는 급격한 기후변화, 즉 기후 급변이라는 말로 표현할 정도의 심각한 위기에 처해 있다.

> 기후 급변은 세계 최고 과학자들의 예측보다도 현재 더 빠르게 진행 중입니다. 우리가 이에 대응하려고 박차를 가하고 있으나 기후변화 속도는 훨씬 더 빠르게 나타나고 있습니다.

앞서 다룬 것처럼 자연재해는 1차적인 발생으로 끝나는

것이 아니라 연쇄반응하는 특성이 있다. 기온 상승은 한파, 폭설, 폭염, 폭우, 가뭄, 산불 등의 여러 기상 재해들을 몰고 올 뿐만 아니라 해수면을 상승시켜 폭풍, 해일, 홍수 등 추가적인 자연재해까지 일으킨다. 재해가 또 하나의 재해를 불러일으키는 것이다. 기후 급변이라는 말 속에 함축된 무거운 의미를 다시 새겨야 하는 이유다. 이를 위해 세계 최고의 많은 과학자들이 기후변화를 전망하며, 미래 시나리오를 통해 이를 경고하고 대응하고자 노력하고 있지만 문제는 이들이 전망한 것보다 기후변화가 더욱 급속도로 일어나고 있다는 것이다.

우리가 지금 큰 뜻을 갖고 비상하게 행동하지 않으면 상황은 더 나빠질 수밖에 없습니다. 일부 국가의 정책 결정자는 아직 이런 위험을 깨닫지 못하고 있습니다.

따라서 유엔이 국제적인 차원에서 기후변화에 대한 국제적인 대응 방안을 마련하고 여기에 모든 국가가 협력해 줄 것을 독려하고 있는 것이다. 모두가 협조하지 않으면 전 지구적인 문제를 푸는 것은 불가능하다.

우리 모두 해야 할 일을 정확히 알고 있습니다. 그리고 한 가지는 분명합니다. 우리는 이 전투(기후변화 대응)에서 패배할 수 없으며, 패배해서도 안 된다는 것입니다.

기후변화에 대한 인류의 대응은 더 이상 물러설 곳이 없다. 여기에서는 패배할 수도 없으며 패배해서도 안 된다. 따라서 유엔에서 제시한 지속 가능 개발 목표에 따라 모든 국가는 이에 협력할 필요가 있다. 우리에게는 오염된 지구를 버리고 다른 행성으로 떠날 수 있는 능력도, 자격도 없다. 우리에게 다른 대안은 없다. 생존을 위해서라도 기후변화를 비롯한 환경오염 문제를 더 이상 외면해서는 안 된다.

인류를 심판할 운명의 날

미국 시카고대학교에서 발행하는 《핵과학자회보Bulletin of the Atomic Scientists》는 인류가 핵전쟁으로 맞이하는 위험성을 경고하기 위해 1947년부터 인류 종말의 상징적인 시간을 표지에 게재하고 있다. 운명의 날 시계Doomsday Clock라고 불리는 이것이 처음 게재된 해에 운명의 날은 23시 53분으로 자정까지 7분이 남은 상태였다. 그러다 소비에트연방, 구소련이 핵실험에 성공한 1949년에는 자정까지 3분, 미국과 소련이 수소폭탄 실험에 성공한 1953년에는 자정까지 단 2분이 남고 만다.

이후 다행히 1960년 미국과 소련이 충돌 방지에 협의하고 국제 공조를 구축하며 53분으로 다시 멀어지고, 1963년 부분적 핵실험 금지 조약Partial Nuclear Test Ban Treaty을 체결하면서 48분으로 더욱 멀어진다. 그러나 2012년 핵무기 감축에 대한 노력이 제대로 이행되지 않고 기후변화에도 효율적으로 대처하지 못한 결과 시계는 다시 자정까지 단 5분만 남겨놓게 되었다.

2015년에는 기후변화가 통제할 수 없는 상황에 이르고 전 세계적으로 핵무기 또한 현대화되며 인류에 분명한 위협으로 자리 잡았고, 2016년 이란의 핵 협상 타결, 미국과 중국, 미국과 러시아의 갈등 위험과 북한의 4차 핵실험으로 핵전쟁의 위기가 고조되는 한편, 파리기후변화협정의 노력에도 나아지지 않는 기후변화 추세에 따라 시계는 자정까지 단 3분만 남은 상황에 이른다.

이런 상황에서 영국의 브렉시트Brexit를 비롯해 전 세계적으로 국가주의가 부활하고 도널드 트럼프 미국 대통령

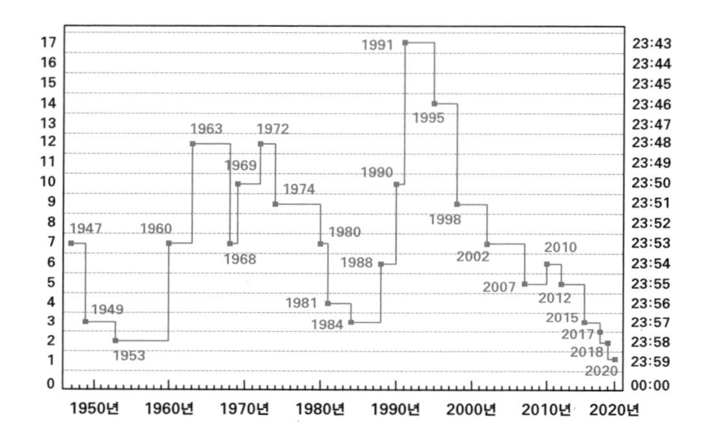

냉전 시대 이래로 가장 가까워진 운명의 날 시계

이 기후변화에 대해 의도적으로 반대되는 발언을 하는 등 2017년에는 자정까지 30초가 더 앞당겨진다. 2018년에는 북한의 핵무기 프로그램이 상당히 진전되며, 북한과 미국 간 과장된 수사와 도발들로 오판 및 사고의 위험성이 증가함에 따라 운명의 날까지는 다시 2분만 남은 상황이 되었다. 2020년에는 기후변화와 자연재해가 심각해지면서 종말까지 단 100초가 남게 되었고, 1953년 냉전 시대 이래 지구 운명의 날이 다시 가장 가까워졌다.

1990년대부터 운명의 날 시계는 계속 자정에 가까워지고 있다. 이를 다시 멀어지게 하는 것은 핵 문제와 더불어 기후변화 문제에 대한 해결책을 제시하지 않고서는 불가능하다. 오늘날 지구환경의 회복력 강화를 이야기하는 것도 더 이상 물러설 곳이 없는 상황에서의 대안인 것이다.

또 한편에서는 지구의 위기를 전 세계에 경고하기 위해 지구 생태 용량 초과의 날Earth Overshoot Day을 계산하기도 한다. 이는 인간이 사용하는 물, 공기, 토양 등 지구의 자원 사용량과 폐기물 등을 계산해 각종 환경오염량이 지구의 생산 및 자정 능력을 초과하는 시점을 말한다. 만약 그해에 주어진 자원을 모두 사용했을 경우 이후부터 연말까지는 미래 세대가 사용할 자원을 미리 당겨서 쓰는 셈이다.

이를 계산한 결과 1970년에만 하더라도 자원을 그해에 주어진 것 내에서만 사용했으나, 그 추세가 점점 짧아져 2019년에는 한 해 중 8월이면 주어진 자원을 모두 소진하고 다음 세대가 사용할 자원까지 끌어와 사용하는 상황이다. 오늘날에는 지구 하나로 부족해 적어도 1.7개의 지구가 있어야만 인류에게 필요한 생태 자원을 모두 공급할 수 있게 되었다.

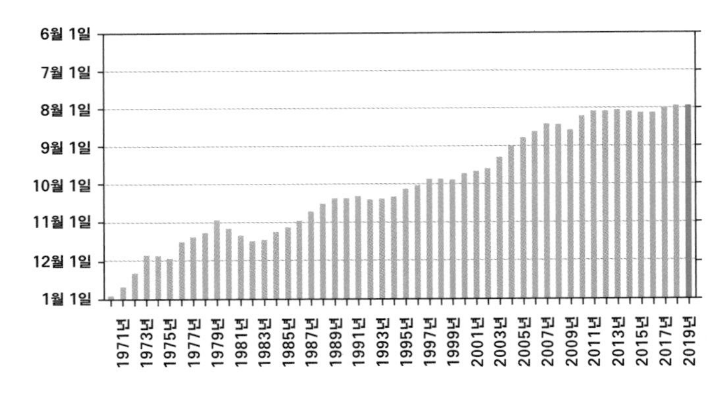

지구 생태 용량 초과의 날

이에 대한 경각심을 더욱 일깨우고자 국가별로 다시 분류해 분석하기도 한다. 우리나라의 경우 생태 자원 소비의 상위권에 있으며, 생태 자원을 모두 소비하고 1년을 더 버티기 위해서는 8.5배의 영토가 더 필요하다. 즉 주어진 자원보다 8배 이상을 소비하고 있는 셈이다. 일본의 경우 7.8배, 이탈리아 4.6배, 스위스 4.5배 순이다.

각 나라별로 인구 대비 몇 개의 지구가 더 필요한지를 계산하기도 하는데, 그 결과 우리나라는 스위스, 러시아와 함께 3.3개의 지구를 필요로 하며, 미국이 4.8개, 호주가 5.4개로 그보다 더 심한 상태에 있다. 즉, 각 나라별로 나라별로 자원이 소진되는 날짜를 나눠보면 우리나라의 경우 4월 10일이면 그해에 주어진 모든 자원을 사용하므로, 12월 31일까지 자원을 사용하려면 3.3개의 지구가 필요한 것이다. 인도네시아, 에콰도르, 이라크, 니카라과, 쿠바와 같은 나라들은 12월까지도 가용 자원이 있는 상태인데, 자원량 대비 소비가 크지 않아 지속 가능한 방식으로 사용할 수 있기 때문이다. 그러나 대부분의 산업 발전이 이루어진 국가나 선진국들을 중심으로 볼 때, 우리나라의 경우 자원을 심하게 과소비하고 있는 상황이다.

이 연구 결과가 제시하는 것은 결코 이론적인 차원의 추상적인 이야기가 아니다. 우리에게 지구는 단 하나밖에 없기 때문이다. 이제부터라도 우리 모두 지구환경의 심각성을 깨닫고 행동을 바꿔나가야 할 때임을 분명하게 인식해야 한다.

'인간의 시대'가 치러야 할 대가

인류의 역사는 권위로부터의 해방과 바로 이어진 급속한 물질적 성장으로 요약된다. 중세시대에만 하더라도 노예제도에 따라 신분이 나뉘어 있었지만 개인의 자유가 신장

되고 1760년 산업혁명을 위시해 근대 과학이 발전하면서 현대사회에 이르러 인류는 물질적으로 급격하게 발전했다. 산업혁명 이전 2000년 동안의 성장률은 1.5배에 머물렀지만 지난 250년 동안의 성장률은 40배에 육박할 정도로 그 속도도 기하급수적이다. 또한 경제적인 번영과 함께 18세기에 도래한 계몽주의 시대를 거치면서 권위로부터의 해방으로 전례 없는 자유 또한 누리게 되었다.[40]

그러나 우리가 누리고 있는 물질적 성장과 자유의 이면에는 지구환경의 위기가 있다. 이와 더불어 빈부격차도 급심해져 세계 최하의 경제적 빈곤층인 밑바닥 10억bottom billion은 단순히 뒤처지는 것이 아니라 무너지고 있다고 표현할 정도다.[41] 중요한 점은 이것이 앞서 살펴본 기후변화와 자연재해와도 떨어뜨려 생각할 수 없는 문제라는 것이다.

앞서 자연재해가 발생하면 후진국일수록 인명 피해와 질병 확산, 삶의 질 저하, 빈곤 심화 등의 악순환이 더 크다고 이야기했듯이, 기후변화와 환경오염 문제들과 관련해서도 밑바닥 10억은 더욱 극심한 고통을 받게 된다. 특히 농업과 어업에 의존하는 후진국은 기후변화에 더 취약할 수밖에 없다. 세계적인 부의 불평등 또한 지구환경의 또 다른 위기 요인이라고 할 수 있을 것이다.

따라서 지구환경에 대한 문제는 인류가 공존할 수 있는 지구로 만들기 위해 무엇을 해야 하는지에 대한 고민에서부터 출발해야 한다. 사실 오늘날 우리는 모든 문제에서 인간이 중심에 있는 소위 '인간의 시대Age of Humanity'에 살고 있다. 하지만 이런 발전은 지구환경 악화라는 대가 위에 이루어진 것인지도 모른다. 인류는 편리한 생활을 위해 화석연료를 사용하며 대기 중의 산소를 소모하고 온실가스를 증가시켜 지구온난화를 유발했다. 그리고 이는 지구의 탄생 45억 년 동안 충전된 배터리를 400년도 안 되어 모두 소모해버리는 상황을 가져오고 있다.[42]

인류의 역사에서 환경 파괴와 자원 고갈 그리고 더욱 빈번해지는 자연재해는 전쟁사와도 무관하지 않다. 지구환경의 변화 자체가 사회의 대립과 갈등을 가져오는 중요한 요인이 될 수 있기 때문이다. 유엔에서 국제적인 협력 방안을 모색하는 것 또한 이런 우려와 연관된다.

이에 이런 문제를 중점적으로 연구하는 기관들도 만들어지고 있는데, 옥스퍼드대학교의 '인류미래연구소Future of Humanity Institute', 캠브리지대학교의 '존재위험연구센터Center for the Study of Existential Risk'와 '생명미래연구소Future of Life Institute'가 그것이다. 특히 생명미래연구소의 과학자문위원회에는 대중들에게 널리 알려진 모건 프리먼, 스티븐 호킹, 앨런 머스크 등도 포함되어 있다.

앞서 언급한 유엔의 지속 가능 개발 목표 17개 항목은 각각 빈곤 퇴치, 기아 종식, 건강과 웰빙, 양질의 교육, 성평등, 깨끗한 물과 위생, 지속 가능한 청정 에너지, 좋은 일자리와 경제 성장, 산업과 혁신 및 사회 기반 시설, 불평등 해소, 지속 가능한 도시와 공동체, 지속 가능한 생산과 소비, 기후변화 대응, 해양생태계 보전, 육상생태계 보전, 평화 및 정의와 강력한 제도, 지구촌 협력으로 나뉜다. 여기에서 주목할 점은 기후변화 대응을 독립된 하나의 항목으로 분류했다는 점이며, 해양생태계와 육상생태계 또한 단독 항목으로 나눠 각각의 중요성을 부각했다는 점이다.

우리나라도 지속 가능 발전 포털을 마련해 경제 위기, 사회 불안정, 기후변화, 빈곤 퇴치 등의 다양한 문제를 해결하기 위한 122개의 세부 목표와 214개의 지표를 설정해 놓고 있다. 뿐만 아니라 대통령자문위원회인 지속가능발전위원회도 설립하는 등 국제적 노력에 발맞추기 위해 힘

쓰고 있다.

이런 노력들은 모두 점수화되어 80점 이상, 70~80점, 60~70점, 50~60점, 50점 이하로 구분되어, 국가 간 이행을 점검하고 감시하는 시스템하에서 지속적으로 평가되고 있다. 현재 한국과 중국, 일본은 70~80점대로, 북유럽 선진국보다는 부족하지만 어느 정도 잘 이행되고 있다고 볼 수 있다. 안타까운 점은 밑바닥 10억에 해당하는 나라의 경우 참여할 사회경제적 여력이 없기 때문에 이 또한 평가 점수가 낮다는 것이다.

플라스틱,
최악의 쓰레기섬을 만들다

밥상에 차려진 해양오염

이제부터 살펴볼 해양오염은 언론에서도 여러 번 주목했던 태평양 거대 쓰레기 섬The Great Pacific Garbage Patch 문제로부터 시작하고자 한다. 수마트라 지진해일과 동일본 대지진과 같은 대규모 지진해일이 발생하면 그 일대에 있던 모든 것은 흔적도 없이 사라진다. 그렇다면 이 모든 것이 다 어디로 갔을까? 증발해버린 것일까?

아니다. 모두 해류를 타고 바다로 흘러간다. 그렇다면 바다에서는 저절로 사라질까? 이 또한 절대 그렇지 않다. 자연적으로 분해되는 것들이 아닌 인공적으로 만든 대부분의 것들, 특히 플라스틱의 경우 분해되거나 썩지 않고 태평양 연안뿐만 아니라 대양 한가운데로 몰려와 결국 거대한 쓰레기 섬이 된다. 그 규모만 해도 우리나라 남북한을 합친 면적보다 몇 배 이상에 이를 정도로 면적이 상당하고, 무게는 350만 톤에 달한다고 한다.

태평양 거대 쓰레기 섬은 항해사인 마이클 무어Charles Moore에 의해 처음 발견되었는데, 충격적인 장면을 본 그는 이후 환경운동가로 변신하게 된다. 태평양 쓰레기 섬은 쿠로시오 해류Kuroshio, 북태평양 해류North Pacific Current, 캘리포니아 해류California Current, 북적도 해류North Equatorial Current가 원형으로 순환하는 환류gyre 안쪽에 만들어지는데, 그곳에 물의 흐름이 거의 없기 때문이다. 프랑스의 세 배 크기로, 하나의 대륙이라고 할 정도의 거대하다.

이들 쓰레기 중 플라스틱 비율은 90퍼센트에 이르며, 매년 바다에 유입되는 폐플라스틱만 해도 800만 톤에 육박한다.[43] 그런데 이런 해류는 북태평양에만 있는 것이 아니다. 북태평양과 남태평양은 서로 반대 방향으로 회전하는 대칭적인 해류가 있기에 남태평양에도, 그리고 북대서양, 남대서양에도 존재한다. 인도양 북반구를 제외한 인도양 남반구까지 포함해 총 다섯 개의 환류마다 내부에는 거대

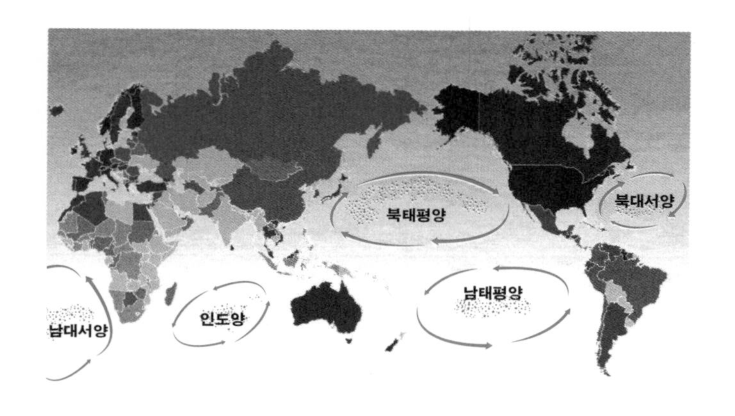

태평양, 대서양, 인도양의 환류와 거대 쓰레기 섬들

한 쓰레기 섬이 만들어져 있는 것이다.

자연재해의 거대한 규모 앞에 인간이 손을 쓸 수 없는 것처럼, 매년 해류가 모아온 쓰레기도 단순히 몇몇 선박으로 수거해올 수 있을 정도의 양이 아니다. 그 양이나 규모, 분포 정도를 파악하는 것조차 아직은 쉽지 않다. 이것이 의미하는 가장 큰 문제는 플라스틱 쓰레기들이 해양생태계를 위협한다는 점이다. 현재 120여 종의 해양 포유류 중에서 54퍼센트가 미세 플라스틱에 고통받고 있다.[44]

언론을 통해 폐그물에 걸리고 비닐봉지에 갇혀 신음하

는 생물들, 코에 빨대가 꽂힌 거북이의 모습이 전해지며 플라스틱 사용에 대한 많은 사람들의 생각이 바뀌었고, 이후 카페에서 일회용 플라스틱 빨대를 대체하는 종이 빨대를 비치하거나 나무 또는 스테인리스로 된 빨대를 재사용하는 등의 움직임이 생기기도 했다.

최근 수십년 동안 급증한 플라스틱 사용량을 두고 인류가 구석기, 신석기, 청동기, 철기 시대를 거쳐 이제는 '플라스틱기' 를 살고 있다는 이야기도 나온다. 우리가 흔히 사용하는 비닐봉지는 완전히 분해되기 위해서 400~1000년이 걸린다고 한다. 80일이 지나면 사라진 것처럼 보이는 페트병도 크기만 작아졌을 뿐, 여전히 미세 플라스틱으로 남아 있다. 완전히 분해되려면 450년이 걸린다고 한다.[45]

미세 플라스틱은 생물들이 이를 먹이로 오해하고 먹을 경우 먹이사슬을 통해 인간에게까지 올 수 있다는 점에서 더욱 위협적이다. 결국 우리 밥상에 플라스틱이 올라오는 것이다. 실제로 해양 생물의 창자를 갈라보면 플라스틱 조각들 수천 개가 나온다는 연구 결과도 있고, 국내산 조개류에 미세 플라스틱이 검출된 사례도 있다.

그러나 아직 미세 플라스틱의 유해성 기준이 제대로 정

립되어 있지 않아 그 문제는 더욱 심각하다. 이를 위해 세계보건기구World Health Organization, WHO는 2018년 생수병 속 미세 플라스틱의 유해성 조사에 착수하기도 했다. 해양오염은 이제 더 이상 간과하고 넘어가서는 안 될, 인류의 건강과 생명까지 위협하는 심각한 문제다.

그러나 태평양 거대 쓰레기와 같은 미세 플라스틱 해양 오염의 경우 거대한 해류를 따라 대규모로 이동하는 만큼, 쓰레기 더미 내에서 벌어지는 구체적인 양상까지 파악하기는 어렵다. 결국 인간은 그 심각성을 미처 파악하지도 못한 채 이곳에 분포하는 다양한 해양 생물을 그대로 섭취할 위험에 처해 있는 것이다. 동일본 대지진 이후 발생한 지진 해일로 유출된 일본의 후쿠시마 방사능 오염수의 문제 또한 이와 같다. 해양오염은 먹이사슬의 상위 단계로 갈수록 누적되어, 결국 생태계의 가장 정점에 있는 인간에게 모두 축적될 수밖에 없다.

거대 쓰레기 섬을 파괴하다

다행히도 거대 쓰레기 문제를 해결하기 위해 발 벗고 나선 사람들이 있다. 보얀 슬랫Boyan Slat이라는 네덜란드의 한 청

년은 16세 때 그리스 바다에서 잠수를 하다가 바다에 떠 있는 플라스틱을 보고 큰 충격을 받은 뒤 이를 해결하기 위한 노력을 시작한다. 그가 낸 아이디어는 해류에 의해 모여드는 쓰레기를, 역으로 해류를 이용해 수거한다는 개념이었다. 그의 아이디어에 많은 과학자들과 지원자들이 돕기 시작하면서 그는 18세의 나이로 오션 클린업The Ocean Cleanup이라는 회사를 2013년 창립한다.

그의 의도와 계획에 동감한 많은 사람들 덕분에 모금을 통해 자금을 조달할 수 있었으며, 현재는 로테르담에 본사를 둔, 80여 명 넘는 직원이 소속된 회사가 되었다. 보얀은 이런 행보로 유엔환경계획에서 주관하는 지구환경대상을 최연소 수상하기도 했다.[46]

오션 클린업에서는 다양한 현장 조사를 진행했는데, 2015년에는 메가 탐사라는 프로그램을 통해 약 30척의 선박으로 플라스틱 쓰레기 밀집 구역을 관측하고, 그물로 플라스틱 쓰레기 조각을 수거해 크기 측정 및 분류 작업을 진행했다. 2016년에는 항공 탐사도 진행했으며, 경험 있는 관측 전문가와 센서를 이용해 오션 포스 원Ocean Force One이라는 비행선을 140노트의 낮은 속도와 해발 400미터의 낮은 고도로 운용하며 쓰레기 사진을 찍고 크기, 색, 종류에 대한 기록을 했다.

이런 대규모 탐사 이후에는 북태평양 거대 쓰레기 섬에 있는 플라스틱의 총 질량을 추정하기도 했다. 플라스틱은 크기별로 0.05~0.5센티미터의 마이크로 플라스틱microplastics 즉 미세 플라스틱, 0.5~5센티미터의 메조 플라스틱mesoplastics, 5~50센티미터의 매크로 플라스틱macroplastics, 50센티미터 이상의 메가 플라스틱megaplastics으로 분류된다.

그 결과에 따르면 50센티미터 이상의 메가 플라스틱의 경우 4만 톤에 이르는 양이 북태평양에 떠다니고 있으며, 식별조차 어려운 미세 플라스틱의 경우도 1만 톤 가까이 퍼져 있다. 미세 플라스틱의 경우 크기가 작은 만큼 더 많은 양이 있을 것이라 예상되며, 크기가 큰 플라스틱들도 수거하지 않는 이상 시간이 지나면 모두 미세 플라스틱으로 변할테니 그 양이 더욱 늘어날 것으로 보인다.

오션 클린업은 매 5년마다 태평양 쓰레기의 50% 수거를 목표로 삼고 있다. 그 원리는 바다 위를 떠다니는 플라스틱은 가두고, 바닷속 생물들은 자유롭게 오갈 수 있는 특수 울타리를 치는 것이다. 길이 100킬로미터, 높이 3미터

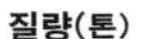

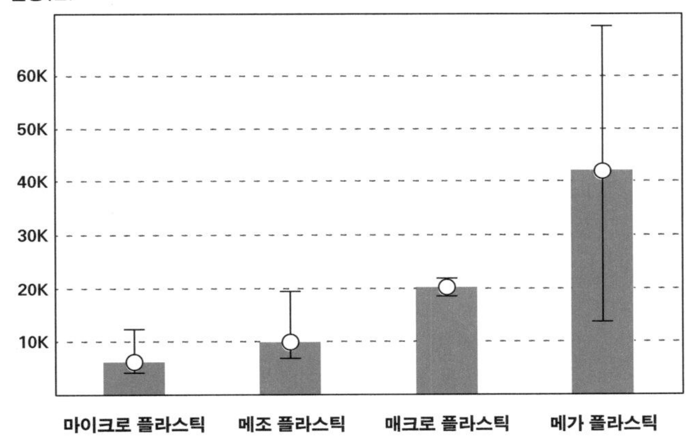

북태평양 거대 쓰레기 섬의 플라스틱 총량 모델링

의 플라스틱으로 U자형 울타리를 설치해 원형으로 움직이는 해류에 떠밀려 바다 위에 떠다니는 플라스틱 쓰레기는 울타리에 갇히고, 물고기와 같은 해양 생물은 울타리 아래로 통과하도록 하는 방식이다. 이때 울타리는 해류의 힘을 이용해 띄워놓은 뒤 태양에너지를 이용한 자가발전이 가능하도록 설계하고, 플라스틱 쓰레기가 어느 정도 모이면 한꺼번에 수거한 뒤 재활용 센터에 판매하는 것이 그의 계획이다.

오션 클린업은 2014년 6월, 이런 방식으로 태평양 거대 쓰레기 섬의 약 50퍼센트를 청소할 수 있다는 사실을 과학적으로 입증해냈는데, 기존과 비교했을 때 비용은 33분의 1로 절감되고 처리 속도도 7900배나 빠른 수준이다.[47] 과연 10년 뒤 태평양 거대 쓰레기 섬의 절반이 사라질 수 있을지 관심을 가질 필요가 있다.

플라스틱 제로 선언 캠페인

세계보건기구에서도 공식적인 계정을 통해 미세 플라스틱 문제를 언급할 만큼, 미세 플라스틱은 인간의 건강과 직결된 문제다. 플라스틱 문제의 해결을 위해서는 플라스틱 사용을 줄이기 위한 노력과 동시에 플라스틱 쓰레기를 수거하기 위한 노력을 병행해야 할 것이다.

그린피스Greenpeace는 환경부의 일회용 플라스틱 규제 강화와 기업의 플라스틱 소비 감축 선언을 요구하며 2018년 11월에 플라스틱 제로 캠페인을 시작한 후 지금까지 계속 진행 중이며, 오션 클린업은 태평양 거대 쓰레기 섬과 같은 플라스틱 쓰레기 수거에 앞장서고 있다. 그러나 오션 클린업의 쓰레기 수거가 성공적으로 마무리된다 하더라도 눈으로 쉽게 확인할 수 없는 미세 플라스틱은 미래에 더욱 심각하게 우리를 위협하게 될지도 모른다.

물론 이를 근본적으로 해결하기 위한 시작은 과학에 있겠지만, 실생활에서 쉽게 할 수 있는 작은 노력부터 실천할 필요가 있다. 먼저 플라스틱 사용량을 줄이는 것이야말로 무엇보다 우선적으로 실천해야 한다. 해양오염의 속도를 줄이기 위해서는 배출을 줄이는 것이야말로 제일의 방법이다. 그린피스와 같은 환경 단체가 이런 운동에 발 벗고 나서고 있는데, 이를 위한 다양한 연구 및 조사를 시행하고 있다.

비교적 최근인 2018년 11월, 우리나라가 필리핀으로 600만 톤의 불법 플라스틱 쓰레기를 수출하려던 현장이 그린피스에 의해 공개되었다. 뿐만 아니라 그린피스는 2019년 재활용 쓰레기 대란 1주년을 맞아 '플라스틱 쓰레기 문제 및 해결 방안에 관한 대국민 인식도 조사'를 실시해 국민 10명 중 9명이 정부가 강력한 플라스틱 소비 규제 정책을 펴주기를 바라고 있다는 사실을 환경부에 전달하기도 했다. 또한 2019년 하반기에는 국내의 플라스틱 소비 및 폐기, 재활용 현황을 조사해 이를 정리한 보고서 「플라스틱 대한민국: 일회용의 유혹」을 발간했다. 재활용 중심의 정책이 한계를 갖고 있으며 정부와 기업이 근본적인 대책을 마련해야 한다는 점을 각성시키려는 노력의 일환이다.

또한 다양한 캠페인 활동도 벌이고 있다. 무분별한 플라스틱 사용으로 나온 폐기물을 다른 나라에 불법 수출하는 행태를 막고자, 2019년 2월에는 불법 플라스틱 폐기물 반송 현장에서 환경부에 적절한 규제 도입을 요구하며 기자회견을 진행하기도 했고, 4월에는 불법 플라스틱 폐기물 소각 반출 현장에서 환경부에 강력한 규제를 요구하는 기자회견을 진행했다. 환경부에 플라스틱 사용량을 관리 및 감축하는 근본적인 해결책을 요구한 것이다.

뿐만 아니라 대국민 인식도 조사에서 플라스틱의 대안이 없는 현실을 확인하고, 플라스틱을 소비하지 않을 권리를 정부와 기업이 제공하도록 촉구하고 있다. 이를 위해 그린피스는 플라스틱 없이 장 볼 수 있는 식료품점 지도를 제작하고, 플라스틱 없는 삶을 체험할 수 있는 시민 참여 행사를 진행하는 등 많은 사람들의 인식 개선을 위해 분주하게 노력 중이다.

개척되지 않은 블루오션,
심해 자원

물 전쟁이 도래할 것인가

해양오염만큼이나 자원 부족 문제 또한 전 지구가 처해 있는 위기 요인 중의 하나다. 앞서 지구 생태 용량 초과의 날이 경고하고 있는 것처럼 지구의 자원은 유한한데 우리의 소비량은 계속해서 늘어나고 있으니 하나의 지구만으로는 부족한 수준에 이른 것이다.

더욱이 중국이나 인도 등에서의 인구 증가와 도시화 확대로 물, 에너지, 식량 등의 자원 부족에 대한 전 지구적인 우려가 끊이지 않고 있다. 자원 부족은 갈등을 일으키고 전쟁의 씨앗이 될 수 있다는 점에서 지구 운명의 날을 가깝게 하는 요인이다. 특히 물, 에너지, 식량은 서로 밀접히 연관을 가지는 만큼, 위기를 더욱 증폭시킨다.

물, 그중에서도 담수는 70퍼센트를 농업에 사용하고 에너지 자원 개발과 발전용 냉각수 등으로도 다량 사용된다. 이런 현 상태의 에너지 수요를 유지하기 위해서는 2050년에는 2005년 대비 1.6배의 에너지가 필요할 것으로 보인다. 지난 100년 동안 지하수 사용 증가 속도는 인구 증가 속도의 두 배였고 개발도상국에서 발생하는 질병의 80퍼센트는 물과 관련이 있다고 하니, 에너지 생산 방식 자체가 발전하지 않으면 물 부족은 피할 수 없을지도 모른다.

현재 추정되는 에너지 부분의 물 수요 증가분은 11퍼센트로, 이를 만족시키지 못할 경우 2030년에는 전 세계 담수의 40퍼센트가 부족해지고, 이는 식량과 에너지 갈등을 심화할 것이라 전망된다.[48] 유엔에 따르면 이 같은 상황이 유지될 경우 전 세계 인구의 15퍼센트는 바닷물의 염분을 제거하는 해수담수화 기술을 통해 물을 마셔야 한다고 한다. 오래전 생태학자 최재천 교수도 물 부족을 경고한 바 있다.

> 나는 21세기에는 물을 차지하기 위한 전쟁이 일어날 것이라는 불길한 예감을 떨칠 수 없다. 물 전쟁은 석유 전쟁과는 차

원이 다를 것이다. 석유는 모자라면 다른 연료를 찾으면 되지만 물은 대체가 불가능하다.[49]

석유는 대체할 수 있는 에너지를 찾을 수 있지만, 물은 결코 대체 불가하다. 실제로 차에 넣는 연료와 식수로 사용하는 물 가격을 비교해보면 현재도 단위 부피 당 물이 더 고가임을 알 수 있다. 물은 그 자체로 생명의 근원이며 다른 자원으로 대체할 수 없는 중요한 미래 자원이다. 그만큼 2030년이라는 굉장히 가까운 미래에 40퍼센트가 부족하다는 전망은 심각하게 받아들일 수밖에 없다.

그러나 앞서 설명한 지구 시스템의 원리를 통해 이해하고 있는 것처럼 지구의 물은 끊임없이 수문 순환을 통해 구름에서 비로 뿌려져 강, 바다로 흘러들어가고 이것이 얼어 빙하가 되는 과정을 거치며 계속 돌고 있다. 때문에 한편에서는 물이 부족해 가뭄에 시달리지만, 다른 한편에서는 반대로 물이 지나치게 넘쳐나 도로와 하천 주변이 홍수로 피해를 입기도 한다.

이렇듯 절대량의 수자원이 전 지구적으로 부족한 것은 아니다. 실제로 태평양 하나만 해도 모든 대륙의 육상을 깎아도 메워지지 않을 정도로 엄청난 부피를 가진 바닷물이 담겨 있으며, 이것이 지구 시스템의 하나를 차지하고 있다. 심지어 지구온난화로 해수면이 상승하고 있는 시점에서, 이처럼 수자원이 풍부한 지구에서 물 부족이 일어난다는 것은 선뜻 이해하기 어렵기도 하다.

그러나 이유는 간단하다. 물을 아직 잘 활용하지 못하고 있기 때문이다. 수문 순환을 제대로 이해하는 것이 선행되어야 수자원을 보다 효율적으로 잘 활용할 수 있을 텐데, 기후변화로 가뭄과 홍수 또한 더욱 불규칙하게 변하고 있어 이를 과학적으로 이해하고 전망하는 일이 더욱 어려워지고 있다.

이런 상황에서 기후변화 때문에 대규모의 가뭄이나 홍수에 무방비적으로 노출되어 고통받는 환경 난민 또한 늘어나고 있다. 이런 추세는 기후변화가 극심해질수록 더욱 가속화될 것이 너무나 자명해 보인다.

푸른 행성, 지구의 물을 활용하라

이런 상황에서 물리학자 스티븐 호킹은 전 지구적 위기를 경고하며 아예 지구에서 떠날 것을 권하고 있다.

인류가 지구온난화를 되돌릴 수 없는 시점에 근접해 있습니다. 인류가 멸종할 정도의 대재앙은 불가피해 보입니다. 200년 안에 지구를 떠나야 합니다.[50]

그런데 우리가 지구를 버리고 어디로 갈 수 있을까? 현재까지의 우주탐사 기술에 비추어 볼 때, 우리에게는 다른 대안이 없어 보인다. 결국 답은 우리 스스로에게 있다. 더 큰 재앙이 오기 전에 지구환경 변화에 적극적으로 대처해야 한다.

앞서 살펴본 것처럼 산업혁명 이후 전 지구의 평균 기온은 약 1도 상승했다. 극지의 빙하는 빠르게 녹아내리고 있으며, 해수면 상승은 더욱 가속화되고 있다. 앞서 이를 경고하고자 IPCC에서는 정기적인 기후변화 평가 보고서에 더해 「지구온난화 1.5도 특별 보고서」를 발간했다고 언급했다. 지금부터라도 지구온난화에 대한 적극적인 대응책을 세우기 위해 우리 모두 노력해야 한다. 유엔 사무총장이 《타임》지에서 해수면 상승의 심각성을 경고한 것 또한 전 세계를 향한 외침이었다.

이것은 결코 패배해서는 안 되는 전투다. 패배는 곧 멸

망뿐이기 때문이다. 혹자는 이제 해수면 상승을 늦추기 위한 공학적 연구 결과들을 적용해야 한다고 주장한다. 실제로《네이처》에는 육상 얼음 바닥의 물기를 말리거나 얼려 빙하의 이동을 막고, 앞바다에 인공 섬을 건설해 빙붕의 지지력을 높이는 방법이 소개되기도 했다. 또한 상대적으로 높은 수온을 통해 빙붕 하부를 녹이고, 그 안정도를 낮춰 무너뜨리는 환남극 심층수를 막기 위한 제방도 제안된 바 있다.[51]

이런 주장들에는 모두 지구공학적 관점이 배어 있다. 지구환경 문제에 우리가 조금 더 적극적으로 개입해 인공적으로 환경을 조절하자는 것이다. 그러나 이를 위해서는 과학적인 원리를 보다 더욱더 잘 알고 지구환경에 대한 면밀한 이해를 선행할 필요가 있다. 지구환경에 대한 과학적 이해가 부족한 상황에서 성급하게 지구공학적으로 접근했다가는 예상치 못한 부작용이 생길 수 있다. 이는 결국 더욱 큰 재앙을 불러올 뿐이다. 하나뿐인 지구에서 계속 살아갈 우리로서는 이런 위험천만한 도박을 할 수도 없으며, 결코 해서도 안된다.

앞서도 언급한 것처럼 태평양 하나의 크기만 해도 지구

상 모든 대륙을 합한 크기를 능가할 만큼, 지구가 물이 많은 행성이라는 것은 자명하다. 더구나 육상의 평균 고도가 743미터인 것에 비해 해양의 평균 수심은 3734미터에 이른다.[52] 지구는 해발고도 위로 솟아 있는 부분보다도 바닷속에 잠겨 있는 부분이 훨씬 더 크다. 그런 만큼 방대한 면적과 깊이에 따른 부피는 당연히 더욱 광대할 수밖에 없다. 그 거대한 부피 안에 모두 물이 담겨 있는 것이다.

하지만 이처럼 물이 풍족한 지구에서 우리가 사용할 수 있는 담수는 2퍼센트가 채 되지 않는다. 나머지 대부분을 차지하는 97퍼센트는 해수 담수화 기술을 적용해야 활용 가능하다.

결국 답은 바다에 있다. 해수 담수화 기술을 더욱 발전시켜 각종 용수 외에 식수로도 활용하고, 나아가 오늘날의 생수처럼 전 세계에 공급할 정도가 된다면 아마 물 부족 문제는 더 이상 걱정하지 않아도 될 것이다. 답이 없을 것 같았던 거대 쓰레기 문제도 해류를 활용한 오션 클린업의 아이디어를 필두로 해양과학적 원리를 이해하고 적용한 결과 방안을 찾아냈듯이, 물 부족 위기도 해결의 실마리를 풀 날이 머지않았으리라 기대해본다.

물 외에도 바다는 식량, 에너지, 자원의 보고다. 숨겨진 바다의 경제적 효과는 2800조 원에 이를 것으로 추산된다. 그만큼 바다는 아직 개척되지 않은 블루오션 덩어리다.[53] 따라서 기술의 발달로 바다에 있는 각종 자원을 활용할 수만 있다면 물 부족뿐만 아니라 식량이나 에너지 문제까지 해결할 수 있게 될 것이다.

바닷속에는 육지 생물의 일곱 배인 약 30만 종의 해양 생물이 서식하고 있으며 개척되지 않은 심해에는 이보다 더 많은 새로운 생물 종이 있을 것으로 예상된다. 그동안 육상 생물 자원에 국한되어 활용하던 노력을 벗어나 해양 생물을 본격적으로 활용하는 연구들이 진행 중인데, 실제로 육상 생물에서 한계를 보였던 신약 개발을 해양 생물에서 추출한 천연물질을 통해 성공하는 사례도 생겨나고 있다.

또한 바닷속에는 석유, 천연가스, 망간, 구리 등 천연자원이 풍부하게 매장되어 있을 뿐만 아니라 크루즈 산업을 비롯한 해양 관광 산업과 물류 등의 해운업이 가져오는 경제 효과도 상당히 크다. 세계자연기금WWF이 발표한 2015년 기준 해양 경제의 직간접 효과는 2조 5000억 달러,

약 2860조 원에 이른다.[54]

해양생태계를 구성하는 생물 중에서 인간이 이용할 수 있는 유용 수산 생물 집단인 수산자원의 경우도 접근성 때문에 아직 개척하지 못한 부분이 많다. 오늘날에는 접근성이 점차 개선되고 있어 활용 가능한 수산자원의 양은 상당할 것으로 보인다. 물론 수산자원 또한 무분별한 포획과 이로 인한 멸종 위기를 막기 위해 적절한 규제가 동시에 진행되고 있다. 그러나 수산자원에 대한 규제와 제자리걸음을 하고 있는 어획량에도 불구하고 최근에는 양식 생산량이 증가하면서 꾸준히 수산자원량이 늘어나고 있다.

2014년 기준 세계 수산물 생산량 1억 6720만 톤 중 해상 조업을 통한 어획량은 9340만 톤으로 1990년대 이후 10년 이상 제자리걸음인 반면, 양식 생산량은 7380톤으로 해마다 증가하고 있다.[55] 물론 아직까지는 양식 생산량과 조업 어획량이 비슷한 상태지만 최근에는 환경공학, 정보통신 기술, 생명과학 등과의 결합으로 수산업이 첨단 산업화하며 양식 생산량이 늘어나고 있는 추세다.

이른바 '잡는 어업'에서 '기르는 어업'으로의 전환이 빠르게 일어나고 있는 것이다. 한 예로 전 세계 연어의 상당 부분을 공급하는 노르웨이의 연어 스마트 양식을 들 수 있는데, 대서양 소재 연어 양식장 241개 중 노르웨이 소재 양식장이 절반 이상일 정도로, '기르는 어업'으로의 빠른 전환은 새로운 기회를 제공하고 있다.[56] 미국의 경영학자 피터 드러커Peter Drucker는 미래 수산업의 가치를 이렇게 이야기했다.

> 21세기에 가장 유망한 투자 기회를 주는 것은 정보 통신 분야가 아니라 수산 양식 분야입니다.[57]

과거 미개척지로 남아 있던 해양생태계는 이제 첨단산업 기술과 접목되면서 상당한 부가가치를 만들어내는 블루오션이 되었다. 이에 따라 생태학의 중요성에 대한 인식 또한 높아지고 있다. 이는 최근의 비약적인 해양관측 기술 발전에 힘입은 것으로, 해양생태계에 대한 이해도가 높아짐에 따라 더 효율적인 활용이 가능해지고 있기 때문이다.

생물과 환경의 관계, 즉 생태계의 비생물적 요소들 사이의 물질 순환과 생물적 요소들의 에너지 흐름을 파악하고 이들의 상호작용을 연구하는 생태학적 연구가 이제 해양생태계에서도 가능해진 것이다. 이에 따라 오늘날에는 해양 종 다양성에 대한 연구도 상당히 진전되고 있으며, 전 세계 바다에서 포유류, 갑각류 등의 분포를 상당 부분 파악한 상태다.

이를 토대로 현재는 생태계 현상 및 흐름에 기반해 수산자원을 관리하는 생태계 기반 관리Ecosystem-Based Management, EBM를 활용해 수산자원의 활용성을 극대화하는 방향으로 나아가고 있다. 생태계와 인간 활동의 상호작용을 기반으로 알맞은 정책을 편성해 실제 환경과 과학, 정책이 주고받는 영향을 종합적으로 이해하고 관리하는 노력들을 실천하고 있는 것이다.

그러나 아직까지도 연근해 외에 심해와 같이 해양의 대부분을 차지하는 영역은 상당 부분 접근조차 못 한 채 미지의 영역으로 남아 있다. 따라서 심해 환경에서만 서식하는 생물들에 대한 연구는 거의 이루어지지 못하고 있다. 앞서도 말했지만 우주는 인공위성을 통해 상당 부분 접근성이 좋아지며 어느 정도 정복에 성공했지만 심해는 높은 압력과 빛의 부재 탓에 아직도 접근 자체가 우주보다도 더 어렵다.

물론 이런 어려움에도 심해에 도전하는 사람들이 있다. 영화감독 제임스 카메론은 마리아나 해구 심해 탐사를 다큐멘터리 영화 〈딥씨 챌린지Deep-sea Challenge〉로 만들기도 했는데 단지 접근했다는 것 자체만으로도 큰 의미가 있는 작업일 만큼, 아직까지도 심해는 인류에게 많은 부분을 접근조차 허락하지 않고 있다.

바다를 열면 공존이 보인다

국제 관계와 자원 탐사 경쟁

아직 개척되지 않은 심해의 해양생태계에는 생물뿐만 아니라 에너지로 쓸 수 있는 천연자원 또한 무궁무진하다. 열수 광상, 망간각, 망간단괴, 열수 분출공 등 수심 약 1000미터 아래의 심해저에 있는 희귀 금속을 심해저 광물자원이라 하는데, 이들은 육상 광물자원의 고갈 위기와 경제성이 떨어지는 품위 저하, 채굴 심부화, 환경문제 등의 문제점을 극복하기 위한 대안으로 제시되고 있다.

각각을 간단히 살펴보면, 열수 광상은 열수가 해저 암반 밖으로 분출되면서 금속 이온이 침전된 결과 만들어지며 구리, 아연, 귀금속류 등이 존재한다. 망간각은 해수에 함유된 금속이 해저산 암반에 흡착되며 형성되어 해저산 사면을 덮고 있는 형태를 띄며 코발트와 희토류 함량이 높다. 망간단괴란 해수 및 퇴적물의 금속 성분이 해저면에 침전되어 만들어진 직경 1~15센티미터의 다금속 산화물로 망간, 철, 니켈, 구리, 코발트 등 40여 종의 광물이 존재한다. 열수 분출공은 심해에서 마그마로 가열된 열수가 온천처럼 솟아나는 곳으로 금속 이온이 저온수와 만나면서 주변 지형에 침전되어 쌓인다. 마치 화산 굴뚝과 같은 형태를 띄며 그 주변에는 다양한 생물이 서식한다.

앞으로 이런 심해저 광물자원을 확보하기 위한 국가 간 자원 쟁탈 갈등이 심해질 것이라는 전망에 따라 각국은 이를 확보하기 위한 개발에 주력하고 있다. 실제 광물자원을 상업적으로 생산하는 단계에 진입하면 한 국가가 독자적으로 개발하는 형태를 벗어나 심해저 광구를 확보하고 있는 국가 간 협력을 통한 컨소시엄 형태로 추진될 것으로 예상된다. 따라서 그전에 자본과 기술 중 하나는 확보해야 하는 상황이다. 우리나라 또한 광구를 확보하는 데 성공했고 미래를 대비해 심해저 탐사 기술을 확보하기 위한 많은 노력을 기울이고 있다.

이때에도 물론 무분별한 개발을 막기 위한 규제가 국제 해양법상 마련되어 있다. 보통 한 나라의 통치권이 미치는 영해는 해수면이 가장 낮은 썰물 때의 해안선을 기준으로 폭 3해리까지로 인정되지만 그 영역이 너무 좁아 배타적 경제수역Exclusive Economic Zone, EEZ이라는 해양 관할권을 새로이 규정해놓았다. 이에 따라 배타적 경제수역에 해당하는 자국 연안으로부터 200해리 수역에 대해서는 천연자원의 탐사 및 개발과 보존, 해양 환경의 보존과 과학적 조사 활동 등의 모든 주권적 권리를 인정받는다.

따라서 대양에 접해 있는 나라들이나 섬나라들은 굉장히 넓은 영역에 걸쳐 배타적 경제수역을 가지고 있다. 그러나 연안국의 사정은 그렇지 않다. 특히 우리나라, 중국, 일본은 그 영역이 서로 중복되어 국가 간 협의가 중요한 쟁점으로 떠오르기도 한다. 경계 획정을 어떻게 하느냐에 따라 확보할 수 있는 자원의 양만 해도 큰 차이가 나기 때문에 굉장히 예민한 사안이다. 특히 일본은 우리나라와는 독도, 러시아와는 쿠릴 열도 부근의 어업권을 두고 분쟁을 벌이고 있다.

이는 실제 연구를 수행할 때도 큰 걸림돌이 되기도 한

다. 타국의 배타적 경제수역 내에서는 과학 조사를 위한 관측도 허가를 받아야 하는데, 경우에 따라 허가 자체도 쉽지가 않다. 미리 상대국의 외교부 통해 허가 신청서를 제출해야 하는데 그 과정이 점점 까다로워지고 있고 허가가 잘 이루어지지 않는 경우도 많다. 사실 배타적 경제수역이란 인위적으로 바다에 그어놓은 선일 뿐이라서 해류를 타고 흐르는 해수가 이런 인위적 경계를 고려할 리는 만무하다. 연구를 위해서는 이를 넘어서 조사해야 하는 경우가 대부분인데, 접근조차 어려우니 관측이 쉽지 않은 것이다.

특히 동해 연구의 경우 일본이나 러시아, 미국과도 연관되어 있어, 오늘날처럼 정치적인 문제로 각국 관계가 틀어지고 국가주의로 갈 경우 점점 어려운 점이 많아질 수밖에 없다. 이는 무인 관측도 마찬가지다. 자국의 영해와 배타적 경제수역에서 얻은 무인 관측 결과를 서로 공개하지 않을 경우 해양관측 네트워크에 문제가 생기고 여러 전 지구적인 문제를 해결하기 위한 가장 기본적인 정보를 얻는 것조차 어려울 수밖에 없다. 이처럼 국제적 외교 관계는 과학에도 큰 영향을 미친다.

한편 배타적 경제수역의 기준에 따라서 구획을 하면 어

느 나라의 주권에도 속하지 않는 공통의 바다가 남게 되는데, 이런 공해는 국가 간 협정을 통해 국가별 계약 기간을 정해놓고 개발을 위한 독점 탐사권을 부여받는다. 이에 우리나라도 공해상에 독점 탐사 광구를 확보했는데, 서태평양의 마젤란 해역과 피지, 통가, 동태평양의 클라리온 클리퍼턴Clarion Clipperton, 인도양의 중앙해령에서 광구를 확보해 망간각, 망간단괴, 해저 열수 광상 등을 개발하려 하고 있다. 클라리온 클리퍼턴 해역의 경우 해양수산부에서 계약 연장을 통해 2001년 4월부터 2021년 4월까지 탐사권을 확보해두었다고 한다.

미래 세대를 위한 심해저 광물자원

미래 대체 자원으로 평가받고 있는 심해저 광물자원들 중 앞서 언급한 세 가지를 보다 자세히 살펴보자. 열수 광상은 화산활동이 활발한 해저에서 300~400도의 열수가 분출되며 생성되는데, 열수에 녹아 있는 중금속류가 차가운 해수를 만나 황화합물 형태로 침전되면서 만들어진다. 1977년에 미국의 심해저 탐사 유인 잠수정인 앨빈호 탐사로 처음 발견되었다.

해수는 지각이 생성되거나 만나는 경계에서 유입되어 마그마에 의해 뜨거워지는데, 주변 암석과 반응해 해수의 풍부한 마그네슘은 암석에 남고 철, 아연, 구리 등과 같은 금속들은 열수에 녹아 지각의 약해진 틈으로 상승하며 심해로 분출되는 것이다. 분출 후 차가운 심층 해수로 급속히 침전되며 형성된 열수 광상은 불규칙한 덩어리나 굴뚝 형태로 수년간 작게는 몇 밀리미터 크게는 몇 센티미터로 성장하다 열수 분출이 멈추면 성장을 중단한다. 금, 은, 구리, 아연, 납 등 유용 광물 함유량이 육상 광상보다 매우 높다.

이를 탐사하기 위한 장비에는 여러 가지가 있는데, 유인 잠수정도 많이 사용하지만 오늘날에는 원격 무인 잠수정 Remotely Operate Vehicle, ROV을 이용한 탐사도 많이 한다. 우리나라도 인도양의 중앙해령에서 열수 광상을 찾은 바 있다.

망간각은 세계 최초의 해양 탐사선인 영국의 챌린저호가 1872~1876년 4년간의 세계 해양 탐사 중에 처음으로 발견한다. 망간각은 수심 500~2500미터의 해산 정상부 가장자리 또는 경사면에 아스팔트를 깔아놓은 것과 같은 암석 피복 형태로 자라며, 1년에 1~10밀리미터의 매우 느린 성장 속도를 보인다. 그 모습 때문에 '바닷속의 아스팔트'라고도 불리는데, 망간 외에도 코발트, 니켈, 구리, 백금 등의 유용광물 함유되어 있다.

그 형성에는 수성기원과 열수기원, 두 가지 기원이 있다고 알려져 있다. 수성기원이란 수평으로 이동하던 해류가 해저산 등의 지형을 만나면 상승하게 되는데, 해수 중 용존 금속 이온이 산소가 풍부한 해저 저층에서 이런 상승 해류와 만나면서 산소와 결합해 금속 산화물 형태로 흡착 및 침전되어 형성되는 것을 말한다. 열수기원이란 해저 화산에서 분출되는 용액에 의해 형성되는 것을 말한다.

망간단괴 또한 영국 챌린저호가 세계 해양 탐사 중에 처음 발견한다. 망간단괴는 수심 4000미터 이상의 심해저에 깔려 있는데, 그 모습이 감자 모양에 검은색을 띄고 있어 '검은 황금'이라 불린다. 해수 또는 퇴적층 공극수에 녹아 있는 이온 등의 금속 성분이 퇴적물 입자 또는 상어 이빨 등에 흡착되어 나무의 나이테처럼 동심원을 이루며 백만 년에 이르는 오랜 기간 동안 1~10밀리미터씩 매우 느리게 성장하며 형성된다.

이 또한 세 가지 기원이 있는데 수성기원, 속성기원, 열수 및 화산기원이 그것이다. 수성기원은 해수 중 용존 금속 이온이 흡착 및 침전되어 형성되는 것으로 철 및 코발트가 풍부하게 함유되어 있다. 속성기원은 해저 퇴적물 속 공극수에 용존 금속 이온이 상부로 이동해 흡착 및 침전되어 형성되는 것을 말하며 망간, 니켈, 구리 성분이 풍부하다. 열수 및 화산기원은 화산활동으로부터 기원된 금속 이온이 침전되어 형성된 것이다.

과거 챌린저호로 탐사할 때만 하더라도 다양한 탐사 장비가 갖춰져 있지 않았지만, 오늘날에는 무인 장수정을 비롯해 다양한 탐사 장비로 더욱 면밀한 조사가 가능해지고 있다. 우리나라 또한 앞서 이야기했듯이 공해상의 탐사권을 확보해 개발을 진행하고 있는데, 아직까지 본격적인 개발이라고 하기에는 어려운 수준이다. 따라서 개발 활동 전 환경 조건을 파악하는 차원에서 여러 가지 작업을 진행하고 있다.

특히 오늘날에는 국내 기술로 건조된 6000톤급의 대형 해양과학 조사선 이사부호와 원격 무인 잠수정, 무인 관측 및 자율 제어 시스템, 로봇 등을 활용해 심해저 탐사를 진행 중이다. 본격적인 자원 개발 전 진행하는 심해저 탐사 작업을 통해 환경 조건의 시공간적 자연 변동량 및 채광 플룸 분출 수심 등을 조사하고, 환경 영향을 감시할 보존 및 영향 지역을 선정하며, 이를 통해 해당 구역의 환경 관리 계획에 기여하고 있다. 이와 같이 심해에서의 무인 탐사정 기초 연구는 향후 자원 개발로 인한 환경 영향을 정밀하게 이해하고 관리하려는 노력으로, 국제적으로도 개발국에 요구하고 있는 필수 요건이라 할 수 있다. 국가 간 컨소시엄 형태로 진행될 본격적인 개발 전 기술 축적에 힘을 쏟고 있는 것이라 볼 수 있다.

과학으로 여는 바다, 바다로 여는 미래

지금처럼 계속해서 무분별하게 자원을 소비한다면 우리의 미래는 결코 지속 가능하지 않다. 그렇다고 우리에게는 지구를 버리고 떠날 수 있는 능력과 자격도 없다. 대안 없는 선택 앞에 내릴 수 있는 결론은 행동을 바꾸는 것뿐이다. 미래 세대에 빚을 남기지 않기 위해서는 지속 가능한 방식으로 바꿔야 한다. 운명의 날 시계와 지구 생태 용량 초과의 날이 상징적으로 경고하는 것처럼 지구의 마지막이 너무나 가까워지고 있다.

물질적으로 풍요롭고 전례 없던 자유를 누리고 있는 '인간의 시대'에는 지구환경 악화라는 문제가 우리의 발목을 잡고 있으며, 다시 급속한 성장의 이면에는 극심한 빈부 차라는 '밑바닥 10억'의 문제 또한 대두되고 있다. 자연에 진 빚 위에서 인간은 지금 자연재해, 기후변화, 해양오염, 자원 고갈 등의 대가를 치르고 있다. 이런 전 지구적 위기 속에서 각국은 유엔에서 세운 지속 가능 개발 목표 17개를 통해 2030년까지 이행을 점검하려는 노력을 시작했다.

태평양 거대 쓰레기 섬으로 상징되는 해양오염의 문제도 마찬가지다. 이는 대서양과 인도양에도 존재하며 오늘날 해양생태계를 심각하게 위협하고 있다. 특히 해양에 축적되고 있는 미세 플라스틱은 먹이사슬을 통해 결국 우리의 식탁으로 올라와 입속에 들어가게 된다. 결국 인간은 환경을 파괴한 대가를 부메랑처럼 받고 있는 것이다.

거대 쓰레기 섬이 만들어진 곳은 해류로 둘러싸인 환류 내의 영역으로 대부분 그 어떤 나라에도 속해 있지 않은 공해다. 그렇다 보니 누구도 책임지지 않으려는 본질적인 문제가 있었다. 우리 모두 미래 세대에 빚을 남기지 않기 위해 전 지구적인 관점으로 바라보는 자세가 필요하다. 오션 클린업과 같은 기업은 그 변화의 출발점에 있다고 할 수 있다. 앞으로도 새로운 아이디어로 전 지구적인 환경문제를 풀어보려는 시도와 함께, 그린피스와 같은 환경단체의 조사 및 캠페인 활동에도 더욱 관심을 가지려는 노력이 필요하다.

이대로 가면 2030년이 되기도 전에 우리는 물 부족을 경험하게 될지도 모른다. 이에 더해 오늘날 급격한 기후변화로 증가하고 있는 환경 난민의 문제 또한 심각하다. 이는 물과 에너지, 식량 부족 문제와 더불어 인류사에 또 한번 전쟁을 일으키는 원인이 될 수도 있다.

우리는 이런 문제들에 대한 답을 바다에서부터 찾을 수 있다. 지구의 대부분을 차지하고 있는 해수와 수문 순환에 대한 과학적 이해를 바탕으로 한다면 푸른 행성 지구의 물 부족 문제는 해결할 수 있다. 또한 식량, 에너지, 자원 문제도 해양에 대한 과학적 이해에서 시작한다. 이를 근간으로 심해저 탐사, 해양생태계 관리, 에너지 추출 등의 기술을 발전시키면 무궁무진한 수산자원, 심해저 광물자원, 에너지 등을 본격적으로 활용할 수 있을 것이다. 결국 답은 바다에 있고, 바다로 들어가는 길은 과학으로 열린다.

Q 묻고

답하기 A

심해 자원을 개발한다면 지구상의 자원 부족 문제는 해결되는가?

심해 속에 광물자원이 아무리 풍부하게 존재한다고 해도 지구의 자원은 기본적으로 유한하다. 태양열, 풍력, 파력, 조력 등의 청정 무한 에너지와는 다르다.

그러나 언젠가는 고갈될 위기에 처할 유한한 육상자원을 대체하기 위해 심해 자원을 개발하는 일은 필수적이다. 물론 육상자원 또한 새로운 기술의 개발로 에너지 혁명이라 불리는 셰일 가스 등 새로운 에너지원을 찾아내고 있다. 그러나 바닷속에는 이보다 큰 파급력을 갖는 유용한 자원들이 더욱 많다. 아직 본격적인 개발 단계에 접어든 것은 아니지만, 심해 자원으로 미래 해양자원 선점 경쟁과 국제 협력을 위한 새로운 가능성이 열렸다는 데 의미가 있다.

그러나 보다 중요한 것은 새로운 해양자원을 대하는 우리의 자세다. 현재 육상자원처럼 무분별하게 소비하고 폐기하는 행태에서 벗어나, 자원의 유한성을 인식하고 미래 세대와 나눠 쓰는 것이라는 생각을 잊지 않아야 한다. 지구는 선대로부터 물려받은 것이 아니라 후대로부터 빌려왔다는 점을 언제나 기억해야 한다.

이에 더해 기존의 풍력, 파력, 조력 등의 청정무한 에너지를 조금 더 잘 활용하기 위한 노력도 필요해 보인다. 이때 중요한 것은 모든 자원과 에너지를 '지속 가능한 방식'으로 다뤄야 한다는 점이다. 결국 과학에서부터 출발하는 것만이 미래 세대에 빚을 남기지 않기 위한 방법이다.

우리나라 영해에도 해양 쓰레기 문제가 있는가?

우리나라의 해양 쓰레기 투기는 2016년부터 전면 금지되었다. 이 또한 늦은 시행이었지만, 최소한 앞으로는 우리나라 영해에서도 투기가 일어나지 않을 것이라는 점에서 안도감이 든다. 그러나 문제는 이미 이전에 투기된 해양 쓰레기 양이 적지 않다는 것이다. 특히 우리나라 주변 연안에는 폐그물이나 스티로폼 등의 쓰레기가 방치되어 그 인근을 지나가는 선박 운항에 위험을 초래하기도 한다.

무엇보다 이들 대부분이 플라스틱이다 보니 미세 플라스틱 문제로부터도 자유로울 수가 없다. 방치된 쓰레기들을 제거하는 작업이 절실하다. 따라서 이들을 미세 플라스틱을 비롯한 방사능 오염수, 신종 유해 생물 등의 해양 환경 문제와 연결시켜 해양오염과 건강, 그리고 생명과의 연관성을 깨닫도록 하는 의식 개선이 필요하다.

우리나라 영해를 포함해 관할 수역을 관리하는 것은 해양 쓰레기나 해양오염 등의 환경문제에만 국한된 것이 아니다. 관할 수역의 환경을 실시간으로 감시해 환경문제뿐만 아니라 생물 및 수산자원, 해양 기상, 관광, 항만 및 물류, 국방 등 각 방면의 활용을 지속 가능한 방식으로 적극 관리하려는 노력 또한 필요하다. 특히 생태계 기반의 관리가 가능하도록 다방면의 개선이 필요해 보인다.

아울러 지속 가능한 관리에 대한 적용을 우리나라 주변 관할 수역에 국한하지 않아야 한다. 환경문제에 대한 시야를 우리 모두가 살고 있는 전 지구적인 관점으로 넓히고, 그 노력에 동참하며 더 나아가 주도하려는 자세가 필요하다. 세계 10위권의 경제 대국에 걸맞은 책임 의식으로 전 지구적 환경문제를 적극적으로 풀어나가야 한다.

4부

희망은

바다에 있다

- 해양관측, 데이터 과학

재앙과 같은 자연재해, 극단적인 기후, 플라스틱에 잠식된 해양, 소진된 자원과 에너지. 현재 인류는 무분별한 발전의 죗값을 치르고 있다. 미래 세대를 위해서라도 이제 우리는 바다로 나가야 한다. 바다를 잘 아는 자만이 지구를 구할 수 있다.

77억 명을 위한 97%의 바다

바다에 숨겨진 승리의 기술

지금까지 자연재해, 기후변화, 환경오염과 관련한 지구의 위기를 이야기했다면 이제부터는 희망에 관해 이야기해 보려고 한다. 이에 더해 그 희망을 만들어나가는 데 중추적인 역할을 할 지구 관측, 데이터 과학이 나아갈 방향이 무엇인지도 함께 고민해볼 예정이다.

이를 위해 무엇보다 먼저 바다가 갖고 있는 잠재력을 다시 한번 짚어보면서, 특히 전 지구적 기후변화와 연관된 해양 순환에 대해 함께 생각해보고자 한다. 끝으로는 우리가 이런 해양 순환을 비롯해 지구환경의 변화를 감지하고 이해하며, 궁극적으로는 지속 가능한 방향으로 잘 활용할 수 있도록 역할을 한 해양관측의 과거와 현재, 그리고 미래에 대해 이야기해보겠다.

이순신 장군의 명량대첩은 절망적인 상황을 어떻게 극복할 수 있는지에 대한 상징과 같은 이야기로 잘 알려져 있다. 남아 있던 조선 수군의 12척 함선으로 왜선 300여 척을 물리친 이야기는 영화보다 더 영화 같은 전개 덕에 오늘날 영화나 드라마의 소재가 될 정도다. 갑자기 지구환경 이야기를 하면서 명량대첩 이야기를 하는 이유는 우리가 지금 직면하고 있는 자연재해, 기후변화, 환경오염, 자원과 에너지 고갈과 같은 절망적인 상황 속에서 지속 가능성이라는 희망을 어디에서 찾을 수 있는가의 답이 여기에 들어 있기 때문이다.

명량대첩 당시 승리의 무대가 된 울돌목은 폭이 아주 좁고 우리나라 주변에서 가장 강한 조류가 흐르는 대표적인 해역이다. 이순신 장군이 이끄는 조선 수군은 이곳의 밀물과 썰물을 정확히 파악함으로써 시간대별 조류 변화를 계산해 일본 함대의 경로와 출전 시기를 예측한다. 예측대로 오전 6시 30분 썰물에서 밀물로 바뀌는 시점에 출격한 일본 함대와 달리 밀물이 가장 빠르게 들어오는 시점인 오전 10시 10분에 출전한 조선 수군은 점차 약해지는 밀물을 따라 일본 함대와 격돌하기 시작한다. 좁은 수로를 통해 모여 원거리 함포 사격으로 올라오는 왜선들을 치열하게 격파해나가자, 밀물이 점차 썰물로 바뀌어 갈 때쯤에 이미 왜선은 기세가 꺾이고 만다. 이렇게 일본 함대가 불리한 상황에 처하자 이 기운을 몰아 썰물을 타고 왜선을 밀어냈고, 오후 2시경에 조선은 대승리를 거둔다.[58] 대부분의 전장에서 사상자는 도망가는 적군의 추격 과정에 가장 많이 발생한다.

여기에서 중요한 사실은 이순신 장군이 과학적으로 예측 가능한 조류의 흐름과 그 시간 변화를 미리 알고 있었다는 점이다. 과학적으로 정밀하게 분석한 지형 구조를 전투에 활용함으로써 유리한 상황을 만들 수 있었고 조선 수군은 승리할 수 있었다. 물론 얼마 남지 않은 조선 수군은 이 전투에서 죽기를 작정하고 싸운 것도 사실이다. 그러나 이순신 장군을 비롯한 조선 수군은 울돌목의 해안 및 해저 지형과 조류의 시간대 변화를 매우 정확하게 알고 있었고, 이를 통해 훨씬 많은 수의 왜선에 대항해서도 승리를 거둘 수가 있었다. 명량대첩을 비롯한 거듭된 해전에서의 연전연승을 이끈 것은 결국 함선의 수가 아닌 얼마나 바다를 더 잘 알고 활용했는지의 여부였다.

즉 승리는 바다를 잘 알고 활용하는 자의 것이다. 그리고 이는 역사 속 해전에만 적용되는 것이 아니라 현재 전 지구적인 위기에도 똑같이 적용된다. 궤멸 직전에 놓였던 당시의 조선 수군처럼 위기의 지구를 살아가는 오늘의 우리 또한 매우 절박하다 할 것이다. 지구환경 문제를 해결하는 답도 결국 지구의 상당 부분을 차지함에도 그동안 그 중요성을 간과해왔던 바다, 그 넓고 깊은 바다를 보다 더 잘 알고 활용하는 지혜에 달려 있다.

수구과학 혹은 해구과학

우리는 바다에 대해 얼마나 알고 있을까? 바다는 얼마만큼의 가치가 있을까? 지구상에 존재하는 물은 끊임없이 돌고 도는 과정을 거친다고 했지만, 대부분에 해당하는 97퍼센트는 항상 바다에 저장되어 있다. 앞에서도 언급한 것처럼 바다의 평균 수심은 3734미터로 육상의 평균 고도인 743미터보다 몇 배나 깊으며, 지구 표면을 둘러싼 영역도 대륙 면적의 두 배 이상이다. 바닷물의 부피는 그야말로 상상 초월이다.

또한 바닷속 식물성 플랑크톤들이 광합성으로 만들어 내는 산소량은 지금 우리가 숨 쉬는 산소의 절반 이상인 50~85퍼센트에 해당된다.[59] 지구의 허파라고 불리는 아마존보다 훨씬 많은 산소가 사실은 바다로부터 오는 셈이다. 이런 상황에서 만약 특정 플랑크톤 종이 우리가 만들어낸 오염 물질의 독성 때문에 광합성을 하지 못하게 된다면 전 지구적으로 치명적일 수밖에 없다. 즉 지구의 산소량이 급변할 정도의 위기가 도래할 수 있는 것이다.

또한 바다의 다양한 수산자원은 조업 및 양식 산업을 통해 현재 전 세계 단백질 공급의 20퍼센트를 담당하고 있으며, 이는 앞으로 더욱 늘어날 가능성이 있다. 바다는 지구상 최대 서식지로서, 생명체가 살 수 있는 지구상 면적의 85퍼센트를 제공하며, 그중 90퍼센트는 아직까지도 개발은커녕 접근조차 매우 어려운 심해에 해당한다. 그리고 지구 생명체의 50~80퍼센트의 종은 육상이 아니라 바다에 서식하고 있다.[60]

이렇게 대단한 잠재력을 가진 바다지만, 아직까지 우리 인간은 대부분의 영역에 접근조차 못 하고 있다. 상황이 이러니 활용은커녕 우리가 바다를 활용하는 법을 잘 모르고 있다는 사실조차 인지하지 못할 정도다. 그런 만큼 미지의 세계, 바다에 대한 이야기는 앞으로 계속 늘어날 수밖에 없을 것이다.

바다는 기후에 민감하게 반응하고 기후에 다시 심대하게 영향을 미치는 '기후 조절자'의 역할을 한다. 같은 부피의 공기에 비해 열용량이 굉장히 크기 때문에 해수의 온도는 한번 올리기도, 올라간 온도를 다시 낮추기도 쉽지 않다. 그 결과 지구온난화와 함께 증가된 해수의 온도는 표층에서부터 심층에 이르기까지 어마어마한 부피에 걸쳐 증가된 열을 품고 있는 상태이고, 그 열은 지속적으로 증가하고 있는 추세다.

그러나 우리는 여전히 해수가 지닌 특성이 무엇인지, 해류에 의해 어떤 거대한 순환을 이루는지, 그 과정에서 서로 다른 방향으로 움직이며 어떻게 증가된 열을 이동시키는지, 대기와는 어떤 상호작용을 통해 열을 주고 받는지 잘 모르고 있다. 그러나 이토록 거대한 해양은 대기와 끊임없는 상호작용을 통해 순환하고 있다. 결국 바다를 알지 못하면 기후가 어떻게 변화할지조차 알 수 없는 것이다.

이처럼 우리가 아직 잘 모르고 있다는 것의 문제는 무지하다고 해서 아무 일도 일어나지 않는 것은 아니라는 점이다. 영국의 시인 윌리엄 쿠퍼William Cowper는 우리의 무지가 변명이 될 수 없음을 잘 일깨워준다.

> 존재를 증명하지 못했다고 해서 존재하지 않는 것은 아닙니다.

저 깊은 바닷속 심해에서 일어나는 일이 무엇인지 모른다고 해서 그곳에서 아무 일도 일어나지 않는 것은 아니다. 우리가 대부분 접근조차 못 하고 있는 어마어마하게 넓은 영역의 심해에는 어떤 일이 벌어지고 있을까? 우주보다 더 접근이 어려운 미지의 심해에서 우리는 무엇을 찾을 수 있을까?

바다의 어마어마한 영역과 그 잠재력을 느끼는 사람들끼리는 지구과학이 아닌 수구水球과학 또는 해구海球과학으로 불러야 한다는 이야기도 한다. 그만큼 지구에서 바다가 차지하는 가치가 크다는 의미다.

바다에서는 실제로 많은 일들이 벌어지고 있다. 현재까

지 과학자들이 발견한 현상만 해도 헤아릴 수 없을 정도로 많다. 여기에는 표층 해수가 깊은 곳으로 대류하거나 해상풍에 의해 해류가 만들어져 해수를 이동시키고, 태양 복사에너지에 의해 가열되거나 반대로 지구 복사에너지 형태로 냉각되는 등의 물리적 현상도 있고, 탄소가 흡수 및 배출되는 등의 생지화학 순환과 관련된 화학적 현상도 있다. 또한 플랑크톤이나 박테리아, 포유류와 관련한 생물학적 현상도 벌어지고 있다. 해저 지각 아래에서는 맨틀의 이동이나 화산 폭발 등 지질학 현상들도 나타난다.

이처럼 현재까지 밝혀진 것만 고려해도 수많은 자연 현상들이 바닷속에서 일어나고 있고, 이들이 시시각각 서로 다르게 작용한 결과 다양한 해양 환경이 만들어지고 있다. 아직까지는 이 과정을 완벽하게 이해하지 못하고 있지만, 한편에서는 제한적인 지식 안에서 이를 십분 활용하려는 노력 또한 병행하고 있다. 앞서 소개한 오션 클린업의 아이디어도 그중의 하나라 할 것이다. 해류의 흐름과 바다의 순환 과정에 대한 이해를 통해 태평양 환류 내부의 거대 쓰레기 섬을 제거하는 방안을 도출했기 때문이다. 오션 클린업은 이 아이디어 하나로 창업해 클라우드 펀딩 방식으로 필요한 재원을 확보했고, 뜻을 같이하는 많은 자원봉사자들과 함께 매 5년마다 태평양 쓰레기의 50%를 수거하겠다는 야심찬 목표를 제시해둔 상태다. 바다의 작동 원리에 대한 이해를 바탕으로 새로운 아이디어를 현실화하는 일은 앞으로도 얼마든지 벌어질 수 있다. 여전히 미지의 영역이 대부분인 바다는 알면 알수록 보다 잘 활용할 수 있는 방법이 무궁무진한 곳이다.

바다를 채우는 물, 해수의 종류와 구조

기후변화를 해결하기 위해서는 '기후 조절자'로 불리는 해양에 대한 이해, 그중에서도 해양 순환에 대한 이해가 우선적으로 필요하다. 물의 밀도는 담수의 경우 1세제곱미터당 1000킬로그램 정도지만 바닷물, 즉 해수의 경우 염분 등의 이유로 조금 더 무겁다. 주로 북극의 그린란드 해역과 남극 부근의 표층에는 밀도가 높은 무거운 저온수가 분포해 있다. 또한 지중해는 강수량 대비 바닷물의 증발량이 커 고염분 탓에 밀도가 높고, 우리나라 동해 북부의 러시아 수역에서 또한 염분이 높은 저온수가 표층에 나타난다. 이곳들은 모두 표층의 바닷물이 무거워져 해저 밑바닥까지 가라앉는 심층 수괴deep water mass가 만들어지는 해역이다.

이렇게 만들어지는 심층 수괴 중에서 북대서양 그린란드 해역에서 만들어지는 수괴를 북대서양 심층수North Atlantic Deep Water, NADW라고 하며, 남빙양 주변의 수괴를 남극저층수Antarctic Bottom Water, AABW라고 부른다. 이외에도 환남극 심층수로 알려진 수괴도 있는데, 남극대륙 주변을 돌고 있는 상부 환남극 심층수Upper Circumpolar Deep Water, UCDW와 하부 환남극 심층수Lower Circumpolar Deep Water, LCDW가 이에 해당한다.

해양 수온의 분포를 수직적으로 보면, 일반적으로 수심에 따라 수온이 감소하는 것을 볼 수 있는데, 수온이 낮은 차가운 해수일수록 밀도가 커서 무겁기 때문이다. 다시 위도별로 나눠보면 각기 다른 수직 구조를 확인할 수 있다. 저위도의 열대 해역의 경우는 표층에서 수온이 매우 높아 밀도가 낮고, 수심이 깊어지면서 급격히 수온이 떨어지는 구조를 보인다. 표층이 30도에 가까운 고수온으로 이루어져 있어 가벼운 물이 무거운 물 위에 살짝 떠 있는 형태를 보인다. 그러다 수심이 깊어지면 수온이 10도 이하까지 급격히 떨어지고 200~300미터 아래로는 저수온의 해수가 심해를 이루고 있는 형태다.

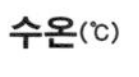

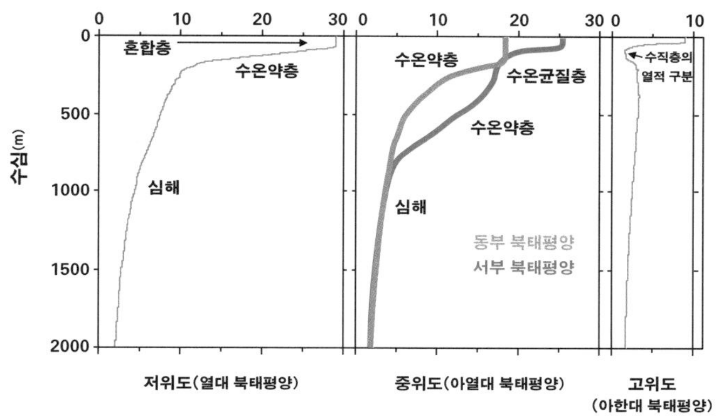

해양 수온의 수직 구조

중위도에서는 북태평양 동쪽과 서쪽에서 조금 다른 형태를 보이지만, 공통적으로 표층의 온도는 높다가 수심이 깊어지면 수온약층이 생기며 수온이 급격히 떨어지는 모습을 보인다. 북극이나 남극 부근의 고위도 해양에서는 조금 특이한 형태를 보이는데 수온이 수심이 깊어질수록 낮아지다가 어느 수심보다 더 깊어지면 다시 올라간다. 보통 수온이 증가하면 낮은 밀도 탓에 가벼워져 더 위쪽에 위치하는 것이 일반적이다. 그러나 고위도 해양에서는 수심이 깊어지면서 염분이 높은 해수가 나타나 수온은 약간 높아졌을지라도 높은 염분 때문에 밀도가 더 높아져 깊은 수심에 상대적으로 높은 온도의 해수가 위치하는 것이다. 이 따뜻한 해수가 용승해서 위쪽으로 올라오면 빙붕 하부에서 얼음을 녹여 해수면을 높이게 된다.

열과 염의 순환으로 기후를 조절하다

열과 염에 의한 해양 순환

앞서 살펴본 것처럼 바다를 채우고 있는 바닷물은 수온과 염분이 서로 다른 여러 종류의 바닷물, 즉 수괴로 채워져 있어서 각각 밀도를 달리하고, 심층 수괴를 생성하며 서로 순환한다. 이렇게 수온과 염분, 즉 열과 염에 의해 이루어지는 해양 순환을 열염분 순환thermohaline circulation, 또는 자오면 방향으로 순환한다고 해서 자오면 순환meridional overturning circulation이라고 한다.

대서양 상층에서는 표층 수괴가 남쪽에서 북쪽으로 수송되는데 그린란드 해역에 도달하면 저온과 고염의 특성을 가지면서 밀도가 증가한 결과 북대서양 심층수가 만들어지고 심층에 도달한다. 이렇게 생성된 북대서양 심층수는 심층을 통해 남쪽으로 수송되어 남빙양까지 도달하고, 다시 남극대륙 주변에서 생성되는 남극저층수와 만나 함께 남극순환류를 따라 서쪽에서 동쪽으로 흘러간다. 이 과정에서 일부는 인도양이나 태평양의 심층으로도 흘러들어가서 인도양과 태평양 심층수와 섞이기도 하며 결국 대서양의 표층으로 되돌아와 다시 그린란드 해역으로 수송되는 전 지구적인 순환을 한다. 이를 두고 해수가 마치 공장의 컨베이어 벨트처럼 움직인다고 해서 '대양의 컨베이어 벨트'라고 부르기도 한다.

그린란드 해역 외에 남극대륙 주변 또한 대표적인 심층수 생성 해역이다. 기원이 서로 다른 두 심층 수괴가 어떤 분포를 보이는지 비교해보면, 먼저 북대서양 심층수는 북대서양에서 생성되는 만큼 북대서양 내에서 100퍼센트에 가까운 비율을 보이다가 남쪽으로 내려가면서 다른 해수와 혼합되면서 남대서양에서는 그 비율이 줄어들고, 인도양에서는 30~50퍼센트, 태평양에서는 20~30퍼센트 정도만 분포하게 된다. 이처럼 북대서양 심층수는 대서양 구간에서만 높은 비율로 존재하며 인도양과 태평양으로는

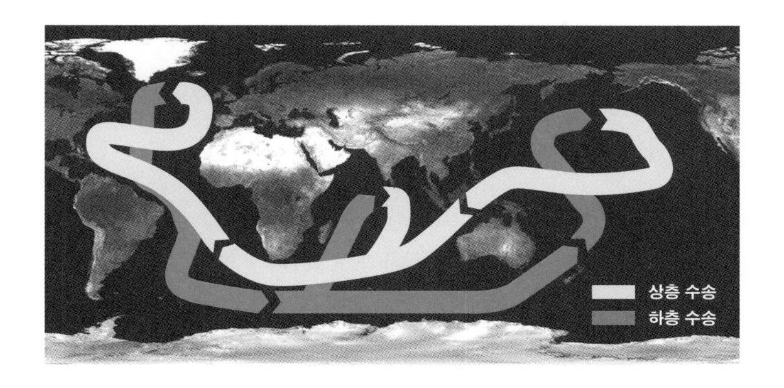

해양 열염분 순환

일부만 유입된다. 반대로 남극대륙 주변에서 생성되는 남극저층수는 남빙양에서 거의 100퍼센트에 가까운 비율을 보이며, 대서양, 인도양, 태평양 쪽으로 흘러들어가면서 그 비율이 줄어든다. 그러다 북대서양 쪽으로 가면 남극저층수의 비율은 30퍼센트 이하로 크게 떨어진다.

이 순환을 남극을 중심으로 보면 보다 뚜렷하다. 남극저층수는 남빙양의 모든 구간인 태평양, 인도양, 대서양 구간들에서 생성되는데, 높은 밀도 탓에 해저면에 가라앉은 상태로 바닥부터 채우며 다른 심층수와 함께 섞이면서 북쪽으로 이동한다. 이런 순환을 통해 남극저층수와 북대서양 심층수는 특히 대서양 내에서 서로 만나게 되는데, 이때 저수온의 남극저층수는 큰 밀도 탓에 북대서양 심층수의 아래쪽으로 분포하게 되고 북대서양 심층수는 그 위쪽에 분포하게 된다.

남극순환류를 따라 남극대륙 주변을 서에서 동으로 뱅뱅 회전하는 수괴 중 환난극 심층수는 수온이 높고 염분도 상당히 높은 고온 고염 특성을 지닌다. 이런 환난극 심층수는 남극대륙 주변을 순환하며 대륙 주변의 대륙붕 해역에 가까이 붙기도, 떨어지기도 하는데 그중 서남극에서는 대륙붕에 아주 가까이 붙어서 순환하는 모습을 보인다. 앞서 설명했듯이 남극대륙 주변의 수심이 얕은 대륙붕 가까이에 이런 고온 고염의 환남극 심층수가 순환하다 대륙붕 안쪽으로 유입하면 남극대륙 가까이 진입하게 되고, 빙붕 아래 얼음 밑에 따뜻한 해수를 공급하면서 빙붕 하부를 용융시킨다.

이렇게 빙붕 하부가 녹으면서 그 아래의 지반에 붙어 있던 얼음 부분이 지반으로부터 떨어지면 지반선이 육지 쪽으로 더 밀려나게 되고, 대륙으로부터 바다 쪽으로 빙하가 더 빨리 흘러나오면서 빙붕을 불안정하게 만든다. 결국 이런 과정을 거치면서 지반 위에 놓인 빙상 전체가 깨져 무너지면 바다로 녹아들어가 해수면 상승을 가속화할 위험이 커지는 것이다.

지중해 또한 북대서양의 그린란드 해역과 남극대륙 주변의 남빙양에 더해 심층 수괴가 생성되는 해역이다. 증발이 많이 일어나는 지중해는 비록 수온은 낮지 않더라도 염분이 높아져 밀도가 증가하기 때문에 지중해의 심층을 채우게 되고 이 수괴가 지브롤터해협을 통해 대서양으로 흘러나오면서 북대서양 중층 아래로 위치하게 된다.

또한 우리나라 주변의 동해에서도 자체적인 심층 수괴가 생성되는 것으로 알려져 있는데, 러시아 연안의 동해 북부 해역에서는 겨울철 해표면 냉각과 염분 증가 등으로 표층 해수의 밀도가 증가하며 중앙수, 심층수, 저층수로 불리는 심층 수괴들이 생성되는 것이 밝혀졌다.

바람에 의한 해양 순환

열염분 순환 외에도 바닷바람, 즉 해상풍에 의해 순환이 일어나기도 하는데, 이를 열염분 순환과 구분해 풍성 순환wind-driven circulation이라 한다. 해상풍이 해표면에 응력을 가하기 때문에 상층 해양에서는 강한 해류가 유도되는 반면, 수심이 깊어질수록 그 효과가 점점 작아져 약한 해류가 흐르게 된다. 이때 방향이 일정하게 흐르지 않고 지구 자전에 의해 회전하면서 수심에 따라 나선형의 형태를 보이는데, 이를 에크만 나선Ekman spiral이라 부른다. 표층의 해류가 해상풍에 의해 북반구에서는 오른쪽으로, 남반구에서는 왼쪽으로 수심에 따라 나선 형태로 회전하면서 크기가 감소하는 구조를 띤다.

또한 수심이 깊어지면 해류가 약해지므로 이런 효과가 잘 보이는 수심까지만 표층에서부터 적분해 수송량을 계산하는데, 이렇게 계산된 해상풍에 의한 수송을 에크만 수송Ekman transport이라 한다. 에크만 수송량은 풍속에 비례하기 때문에 해상풍이 강할수록 증가하며, 그 수송 방향은 전향력 때문에 바람이 불어가는 방향보다 북반구에서는 오른쪽으로, 남반구에서는 왼쪽으로 90도 회전한 방향이 된다.

실제로 중위도에서는 편서풍이 우세해 서쪽에서 동쪽으로 해상풍이 불면서 북반구에서는 남쪽으로 남반구에서는 북쪽으로의 에크만 수송이 나타난다. 반면 저위도에서는 무역풍으로 알려진 동풍이 우세해서 동쪽에서 서쪽으로 해상풍이 불어 북반구와 남반구에서 각각 북쪽 및 남쪽으로의 에크만 수송이 나타나게 된다. 그 결과 북반구에서는 중위도의 남쪽 수송과 저위도의 북쪽 수송이 만나 수렴대를 형성하고, 남반구에서도 중위도의 북쪽 수송과 저위도의 남쪽 수송이 만나 해수가 모이는 수렴대를 형성하게 된다. 이 수렴대를 중위도와 저위도 사이의 아열대 해역에서 수렴한다고 해서 아열대 수렴대라 한다. 이곳에서는 해수면이 높아지고 해류는 약해져 거대 쓰레기가 모이게 되며, 이를 둘러싸는 해류들로 이루어진 환류가 구성되면서 감싸는 형태가 만들어진다.

이와 같이 해상풍에 의해 일정한 환류 구조가 대양마다 만들어지는데, 이 환류 내에 쓰레기가 쌓여 거대 쓰레기 섬을 이루는 것이다. 앞서 설명했듯이 북태평양에서는 쿠로시오 해류와 북태평양 해류, 캘리포니아 해류와 북적도 해류로 둘러싸인 아열대 환류가 존재하며 중위도의 편서풍과 저위도의 무역풍에 의한 에크만 수송이 지속적으로 해수를 환류 중앙으로 수렴시키기 때문에 이 구조가 유지된다.

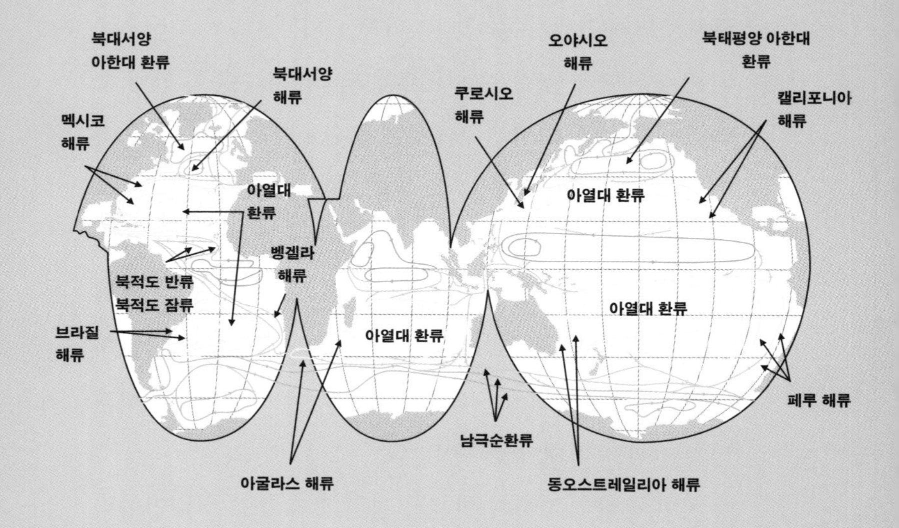

해상풍에 의해 대양별로 생기는 환류 구조

마찬가지로 남태평양 아열대 환류는 남극순환류, 동오스트레일리아 해류East Australia Current, 남적도 해류South Equatorial Current, 페루 해류Peru Current로 구성되고, 인도양 남반구의 환류는 남극순환류, 아굴라스 해류Agulhas Current, 남적도 해류 등으로, 남대서양 아열대 환류는 남극순환류, 브라질 해류Brazil Current, 벵겔라 해류Benguela Current 등으로 구성된다. 이렇게 중위도와 저위도 사이의 아열대 해역에는 서로 다른 해류들로 구성된 다섯 개의 아열대 환류가 대서양과 태평양에 각각 두 개, 인도양에 한 개 존재해 해상풍에 의한 풍성순환 구조를 보여준다.

저위도에서 고위도로 열을 수송하다

해류의 중요한 역할 중 하나는 한쪽에 있던 해수를 다른 특성의 해수가 있는 곳으로 이동시키는 것이다. 저위도의 남는 열을 열이 부족한 고위도로 수송해 지구 전체적으로 균형을 이루도록 해주는 것이다. 이에 따라 어떤 해역에서는 따뜻한 수괴가 유입되어 열을 얻고 다른 해역에서는 차가운 수괴가 유입되어 열을 잃게 되며, 또 어떤 해역에서는 해양에서 대기로 열을 방출하고, 다른 해역에서는 해양이 대기로부터 열을 흡수하는 등 열의 흡수와 방출을 통해 대기와의 열교환이 이루어진다.

예를 들어 북태평양의 쿠로시오 해류는 남쪽에서 북쪽으로 흐르면서 남쪽의 저위도로부터 따뜻한 고온수를 북쪽의 고위도로 수송하는 난류로, 고위도의 해양과 대기로 저위도 해양의 남는 열을 공급해주는 역할을 한다. 반면 캘리포니아 해류는 북쪽의 고위도로부터 차가운 저온수를 남쪽의 저위도로 수송하는 한류로서, 저위도 대기로부터 남는 열을 해양이 흡수하도록 하는 역할을 한다. 대서양의 멕시코 만류Gulf Stream 또한 고온수를 북쪽으로 수송해 열을 대기로 방출하는 난류이고, 반대로 카나리 해류Canary Current는 남쪽으로 저온수를 수송해 대기의 열을 흡수하는 한류다.

이처럼 해양의 해류는 한쪽에 있던 해수를 다른 쪽으로 수송하고 서로 다른 특성의 해수를 만나도록 해 열을 교환하도록 할 뿐아니라 해표면을 통해 끊임없이 대기와 상호작용을 하며 열교환을 한다. 물론 저위도에서 고위도로의 열 수송과 대기와의 상호작용 과정은 주로 연평균적인 관점에 따른 것이다. 연중 계절이나 태양 고도의 변화, 기후변화에 따라 열교환 과정은 계속해서 시시각각 변화한다.

따라서 끊임없이 변하는 열 수송 과정을 바다 곳곳에서 감시하려면 획기적인 해양관측망의 확충이 절대적으로 필요하다. 해양이 '기후 조절자'의 역할을 한다는 점을 고려하면 그 필요성은 더욱 강조해도 과하지 않다.

지구유체역학 이론을 통해서도 해류에 의해 수송되는 열의 장기간 평균을 통해 북위 30도 부근에서는 북쪽으로, 남위 30도 부근에서는 남쪽으로 열 수송이 발생한다는 것을 알 수 있다. 다시 말해 북위 30도 이남이나 남위 30도 이북의 저위도에서 고위도 쪽으로, 혹은 적도에서부터 양극 방향으로 저위도의 남은 열을 고위도의 모자란 곳으로 보내는 역할을 하는 것이다. 이렇게 이론적인 고위도로의 열 수송은 실제 해양관측을 통해서도 일부 확인되고 있지만, 시공간적으로 크게 제한된 관측만 이루어지고 있기 때문에 일부분만 확인할 수 있을 뿐이다. 예를 들어, 지금 이 시각에 태평양 북위 30도에서 얼마만큼의 열을 북쪽으로 전달하는지, 특정 위치에서 순간순간의 정밀한 열 수송량이 얼마나 되는지와 같은 정량적인 감시는 아직도 제대로 이루어지지 못하고 있다. 앞으로 해양관측망의 확충을 통해 시급히 개선해야 할 부분이다.

국경을 허무는 해양관측 네트워크

20세기 이후에야 일어난 해양관측의 변화

대양 한가운데서 열이 얼마만큼, 어디로 이동하는지 우리는 과연 어떻게 알 수 있었을까? 앞서 언급한 기후변화의 양상과 해류의 흐름, 해양 순환, 열교환은 또 어떻게 밝혀낸 것일까? 이 모든 것은 바로 실제 바다에서의 정밀한 측정을 통한 현장 관측 결과로부터 밝혀낼 수 있었다. 이제부터는 해양관측의 과거, 현재, 미래가 어떤 모습으로 변화해왔으며 변해갈 것인가 이야기해보고자 한다.

바닷속은 조금만 내려가도 가시광선이 잘 투과되지 않아서 빛이 없는 암흑이 되고, 수압 또한 매우 커서 관측이 쉽지 않다. 때문에 1873년 이전까지도 해양관측은 모두 표층에 국한되어 있었다. 해양에 대한 과학적인 조사를 위해서는 드넓은 영역에 걸쳐 해수 시료를 획득해 이를 분석하거나, 측정 장비들을 개발해 표층에서 심층까지 오르내리게 할 수 있어야 하지만 근대에 이르도록 이런 장비들을 개발하기는 어려웠다.

그러다 19세기 후반에 이르러서야 영국의 챌린저호가 1872~1876년 장장 4년간 범선을 타고 해류와 바람을 이용해 태평양, 대서양, 인도양을 걸쳐 대규모 세계 해양 탐사를 벌였다. 이때 수집한 자료를 바탕으로 한 분석은 매우 기초적이지만 해양을 과학적으로 관측하고 이해하려는 노력의 시작이었다. 그러나 심층의 해양 환경을 측정할 만한 도구는 여전히 갖추지는 못했기 때문에 최초로 과학적인 자료를 상당 부분 수집할 수 있었음에도 심해는 여전히 미지의 세계로 남겨두어야만 했다.

심해 관측을 위해서는 고압에 견딜 수 있도록 특별 고안된 장비를 연구선에서 깊이 내려야 하기 때문에 심해 관측 장비는 비교적 최근인 20세기에 이르러서야 개발이 이루어질 수 있었다. 이에 따라 20세기에 국가적인 체제를 갖춘 체계적인 해양관측이 시작되었고, 새로운 관측 방법들의 도입과 국제 협력도 이때부터 시작된다. 몇몇 국가들의 노력만으로 표층부터 심층까지 속속들이 관측하고 감시하기에는 전 세계 해양의 규모가 너무나도 큰 것이 사실이지만 아직도 여전히 많은 국가들에서는 체계적인 해양 관측을 수행할 능력과 여유가 없는 것이 사실이다.

그리고 20세기 후반에 접어들면서는 인공위성을 해양 연구에 본격적으로 적극 활용하기 시작한다. 이런 발전에 힘입어, 이제는 여러 인공위성 탑재 센서들의 원격탐사 정보와 첨단의 연구선 및 무인 현장 해양관측 정보를 융합하는 것에서 더 나아가 하나의 지구 시스템으로서의 환경을 관측하기 시작했다. 이 모든 것이 20세기 이후 일어난 비교적 최근의 일이다. 그만큼 우리는 오랜 기간 지구의 대부분을 차지하는 바다를 체계적으로 관측하고 감시할 능력조차 갖추지 못하고 살아온 것이다.

고도화된 무인 해양관측 장비의 현재

오늘날에는 특히 관측 기술의 비약적인 발전으로 첨단의 연구선에서 최첨단 통신 장비를 활용할 수 있게 되었고, 여러 인공위성 자료들을 연구선 내에서도 수신하면서 다양한 무인 해양관측 장비들로부터 수집되는 실시간 정보를 융합할 수 있게 되었다. 해양관측 방식이 획기적으로 변한 것이다. 우리나라에서 건조한 첨단 대형 조사 연구선 이사부호와 쇄빙 연구선 아라온호 또한 대양과 극지 연구에 적극 활용되며 다양한 형태의 해양관측 데이터를 수집하는 데 쓰이고 있다.

뿐만 아니라 이제는 한 번 바다에 띄워두거나 설치해두고 나면, 지속적으로 데이터를 수집해 전송해주는 무인 해양관측 시스템 혹은 로봇들이 바닷속 또는 해표면에 고정되거나 떠다니며 실시간으로 정보를 송신하고 있다. 최근에는 많은 종류의 무인 해양관측 장비들이 개발되어 활용되고 있는데, 그중 파력 글라이더Waveglider와 수중 글라이더Underwater Glider가 대표적인 예다.

파력 글라이더는 서핑 보드 같은 형태의 태양열 패널과 그 하단부로 구성되어 있는데, 태양열 패널로부터 태양에너지를 공급받아 장기간 운용이 가능하도록 고안되었다. GPS로 위치를 파악하고 부착된 센서들로부터 데이터를 수집해 이를 실시간 전송하며, 파력을 이용해 원하는 위치로 추진하는 무인 해양관측 장비다.

수중 글라이더 역시 프로펠러와 같은 추진체 없이 최소한의 에너지만 사용해 부력을 조절하고, 오르내리는 동안 자세를 제어해 원하는 방향으로 이동하도록 고안되어 있어서 장기간 운용이 가능하다. 다이빙을 마치고 부상해 해표면에 도달할 때마다 센서들로부터 수집된 데이터와 위치 정보를 전송한다. 수중 글라이더의 이런 장점 덕분에 특정 관측선을 지속적으로 왕복하며 해양 환경 변화를 모니터링하는 방식으로 수 개월 이상 장기 운용하기도 한다.

이런 장기 운용 방식과 달리 단기간에 보다 정밀한 탐사를 위해서는 추진체를 이용해 정밀한 운용이 가능한 자율 제어 수중 운동체Autonomous Underwater Vehicle, AUV를 사용하기도 한다. 선박이 접근할 수 없는 빙붕 하부를 탐사하기 위해 자율 제어 수중 운동체를 내려 보내서 빙붕 하부의 해저 지형과 환경 특성을 조사하는 것이 그 대표적인 예다. 이때 인공위성과 교신이 어려운 수중에서는 GPS를 사용할 수 없기 때문에 그 위치를 파악하기 위해 관성항법inertial navigation 등을 사용하고, 음파 등으로 해저 지형과 빙붕 하부의 얼음 구조를 파악하지만 충돌하거나 교신이 끊어지면 장비가 유실될 수 있기 때문에 매우 정밀한 제어가 요구된다.

이외에도 움직이지 않고 제자리에 고정되어 시간적인 변화만을 측정하기 위한 계류mooring 장비도 있는데, 표면 계류선surface mooring의 경우 부이buoy를 띄워 바닥에는 기차 바퀴와 같은 무거운 추로 고정하고 그 사이를 흔히 와이어나 로프를 사용한 계류선으로 연결해 부착된 센서들로부터 수심별 환경 변수들의 시간 변동을 측정한다. 해표면에 떠 있는 부이에는 종종 해양 기상 측정을 위한 센서들과 통신 모듈이 있어서 수집된 자료들을 모아 실시간으로 전송하는 역할을 한다. 장비 회수를 위해 적절한 음향 신호를 보내면 수중에서 음향 신호를 받아 연결된 고리를 풀어주는 장치를 설치하고, 계류선에 부착된 센서들이 모두 떠오를 수 있는 부력을 충분히 주기 위해 수중 볼부이glass ball를 계류선 중간에 적절히 포함하도록 설계한다.

뿐만 아니라 계류선의 특정 수심에만 센서를 부착하는 것이 아니라 파력이나 부력으로 계류선을 따라 오르내리며 프로파일링하도록 고안된 장비들도 사용한다. 앞서 언급한 글라이더나 자율 제어 수중 운동체처럼 원하는 위치로 이동시키는 방식이 아니라 해류를 따라 흘러다니면서 자료를 수집하도록 고안된 것으로, 대표적인 것이 프로파

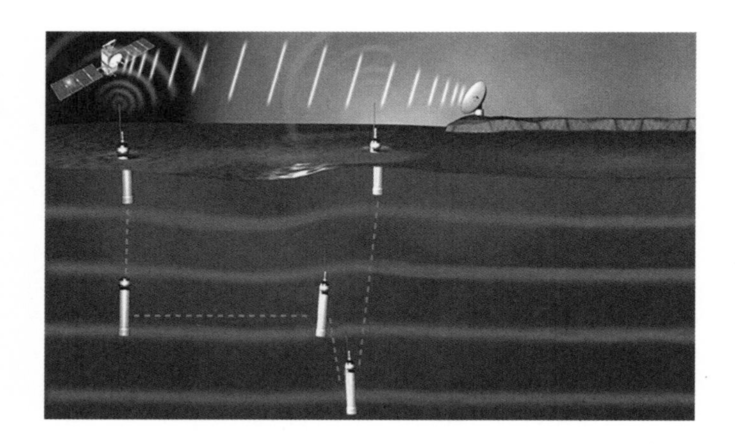

프로파일링 플로트의 원리

일링 플로트Profiling Float다. 프로파일링 플로트는 수중 글라이더의 전신으로, 수중 글라이더는 간단히 말하면 프로파일링 플로트에 날개만 부착한 형태라 할 수 있다. 프로파일링 플로트도 부력을 조절해서 오르내리며 수집된 데이터와 위치 정보를 전송하는 점에서는 동일하다. 다만 한번 가라앉으면 정해진 수심에서 1주일 이상 머물며 해류를 따라 이동한 뒤에 부상하기 때문에 이 기간 동안 움직인 위치를 바탕으로 해당 수심의 해류를 추정할 수 있다. 물론 오르내리는 동안에도 수온과 염분 등을 측정해 프로파일링된 수직 구조를 관측한다.

프로파일링 플로트는 1999년 세계 최초로 동해에서 시험 후, 2000년부터 세계 도처의 바다 곳곳에서 사용하기 시작했는데 2019년 5월 기준 전 세계 바다에는 3877개의 프로파일링 플로트가 띄워져 있다.[61] 처음 목표였던 3000개를 훨씬 뛰어넘은 개수다. 마치 세계 도처의 바다의 3877개의 선박에서 쉬지 않고 10일마다 지속적인 수직 프로파일링 관측을 수행하고 있는 셈이다. 우리나라 동해에도 많이 분포되어 있으며, 수심이 1000미터 이하인 천해에는 투하하지 않기에 황해와 동중국해에서는 자료를 수집하지 못했다. 이처럼 오늘날에는 챌린저호 탐사 시대에는 상상하지도 못했던 비약적인 해양관측 데이터가 세계 곳곳에서 실시간으로 수집되고 있다.

국제 통합 네트워크 해양관측의 실제 사례

이 방대한 프로파일링 플로트 관측은 국제 아르고ARGO 프로그램으로 알려진 전 세계 네트워크를 통해 더욱 발전하고 있다. 이곳에서는 운용 경험 등을 서로 공유하고 데이터 처리와 형식 등을 표준화해 누구에게나 이를 무료로 제공한다. 때문에 프로파일링 플로트를 아르고 플로트ARGO Float라 부르기도 한다. 이 프로그램은 현존하는 가장 이상적인 국제 공동 해양관측 네트워크 체계라고 할 수 있는데, 수집되는 데이터는 전 지구 기후 모형의 예측력을 향상하기 위해서도 활용되고 있다.

국제적으로 전 세계 약 34개국이 참여하고 있으며, 투하 해역 조정 및 독려를 위한 운영팀과 일관된 자료 품질을 유지하기 위한 자료 관리팀으로 나누어 정기적인 회의를 개최하고 있다. 최근에는 생지화학적 센서들을 부착한 프로파일링 플로트Biogeochemical ARGO와 심해 관측을 위한 플로트Deep ARGO 프로그램도 포함하도록 확대 추진하고 있다.

또 다른 해양관측 네트워크 중에는 앞서 언급했던 지진해일 모니터링 부이도 포함된다. 지진해일이 발생해 해수면에 변화가 생기면 수압에도 반영되기 때문에 해저 수압을 측정해 지진해일을 감시하고 있는데, 이런 지진해일 감시 부이는 다트Deep-ocean Assessment and Reporting of Tsunamis, DART로 알려져 있다. 현재 불의 고리라고 부르는 환태평양조산대를 따라 주로 설치되어 있는데, 설치 위치에서의 해저면 수압을 측정한 후 측정 데이터를 수중 통신을 통해 인접한 부이로 보내고, 부이에서는 다시 인공위성을 통해 그 데이터를 육상의 모니터 요원에게 전송한다. 해저면 수압의 변동이 나타나는 시차 등을 통해 지진해일의 전파를 알고 미리 경보를 발령해 대비할 수 있는 것이다.

이들 외에도 오늘날에는 여러 무인 해양관측 네트워크 프로그램을 통해 다양한 무인 관측 플랫폼과 센서로부터 양질의 데이터가 전 세계 도처의 바다에서 수집 및 전송되고 있다. 표층 뜰개Surface Drifter도 그중 하나다. 표층 뜰개는 표층 해류를 따라 해표면에 떠다니며, 측정되는 데이터와 위치 정보를 인공위성과 끊임없는 교신을 통해 전송하도록 고안된 장비다. 표층에 떠 있는 부이의 10~15미터 하부에 그물 같은 드로그drogue가 넓게 펴져 있어 표층 해류를 따라 이동하며 위치 정보를 제공한다.

따라서 표층 해류의 세기와 방향뿐만 아니라 해표면 수온, 해면 기압 등도 관측할 수 있다. 2019년 5월 기준 1378개가 전 세계적으로 운용되고 있으며, 우리나라도 31개의 장비를 운용하고 있다.[62] 미국 해양기상청, 대서양 해양기상 연구실AOML에서 데이터를 일관된 품질로 표준화해 통합 관리하고 있다.

이외 오션사이트OceanSITE는 아르고 프로그램처럼 이동형이 아닌 고정형의 플랫폼에서 수집되는 연속적인 시계열 형태의 해양관측 데이터를 통합적으로 제공하는 네트워크 프로그램이다. 해양 기상과 해표면 관측에서부터 심해 관측에 이르기까지는 전체 수층에 대한 양질의 장기적인 연속 시계열 데이터를 전 세계 바다의 핵심 위치에서 수집하고 있는데, 오션사이트 프로그램을 통해 표준화된 형태의 자료를 누구나 무료로 제공받을 수 있다.

2018년 6월을 기준으로 200~300개소의 사이트가 등록 및 공인되어있으나 실제 연속 시계열 자료 수집은 142개소에서만 이루어지고 있다.[63] 우리나라도 동해 울릉도와 독도 사이의 해저 간극에 설치한 계류선을 1996년부터 지금까지 매년 꾸준히 유지 관리하며 오션사이트에 등록해 공인받았고, 그 표준화된 데이터를 전 세계에 무료로 제공하고 있다. 또한 최근에는 소청초와 이어도 등 서해와 동중국해의 해양과학기지가 시범 사이트로 등록되어 공인받을 수 있었다.

이처럼 선박을 이용하는 유인 해양관측 외에도 다양한 무인 해양관측 네트워크를 통해 오늘날에는 해양 환경에 대한 양질의 정보를 수집하고 있다. 과거 수십 년간 축적된 데이터보다 매년 새로 수집되는 데이터 양이 더 많을 정도로 해양관측 기술 발전에 힘입은 데이터 양도 급증하고 있는 추세다. 그리고 이들을 통합해 한눈에 확인할 수 있는 관측 시스템 모니터링 센터OSMC도 운영되고 있다. 이 웹 사이트에 따르면 2019년 8월 22일부터 25일까지 단 3일 동안 5083개 플랫폼에서 4000만 개 이상의 관측이 이루어졌다.[64] 이마저도 각국의 유관 기관에서 자체적으로만 수집하고 공개하지 않은 데이터들은 아예 포함되지도 않은 수치다. 챌린저호로 4년 동안 세계를 일주하며 탐사하던 과거에는 상상조차 못 했던 어마어마한 양의 전 지구적 해양관측 데이터가 쏟아지고 있는 것이다.

그러나 오늘날 해양관측 네트워크에서 수집되는 데이터도 바다를 모두 담기에 충분한 양은 아니다. 여러 번 언급한 것처럼 바다는 너무나도 넓다. 고작 수천 개의 플랫폼으로 모두 감시할 수 있는 규모의 자연이 아니다. 또한 그 안에서 벌어지는 오만 가지 자연현상과 과정들은 고작 3일 동안에도 다양한 해양 환경의 변동을 만들어내고 있다. 미래에도 더 많은 그리고 보다 나은 해양관측 플랫폼과 센서들이 만들어지고 더욱 통합된 네트워크가 구축될 것임은 분명해 보인다.

유엔 산하의 정부간해양학위원회IOC에서는 전 지구 해양관측망과 해양관측 네트워크를 통해 다양한 플랫폼과 센서를 통합하기 위한 국제적 지원을 기울이고 있다. 오늘날 글로벌 해양관측 네트워크의 공동 키워드는 크게 생태계 및 기후변화, 멀티 플랫폼 통합, 국제 협력, 학제 간 통합 등으로 정리할 수 있다. 단일 국가 혼자 운용할 수 없는 전 지구적 해양관측망을 위해 해양관측 네트워크를 최대한 활용해서 기본적인 해양 환경 정보를 수집하되, 중요하고 시급한 관측이 요구되는 해역에는 종합 탐사 프로그램을 통해 집중적인 관측을 이룰 수 있는 프로그램 개발 노력이 필요하다.

실제로 2018년과 2019년에 시작된 국제 스웨이츠 빙하 공동연구 프로그램ITGC은 우리나라를 포함해 미국, 영국 등 5개국이 참여하는 서남극 스웨이츠 집중 관측 프로그램의 좋은 예다. 여기에서는 빙권, 지질, 해양, 대기의 상호작용을 이해하고, 남극 빙상 용융으로 인한 해수면 상승 전망의 불확실성을 낮추는 것을 목표로 삼고 있다. 이에 따라 우리나라에서도 극지연구소를 중심으로 몇몇 대학 연구진들이 국제 연구 협력팀과 함께 아라온호와 자율 제어 수중 운동체 등을 비롯한 여러 첨단 관측 장비들을 동원해 빙상부터 빙붕 상부와 하부, 빙붕 주변의 해양 등을 종합적으로 관측하고 있다.

물론 국제적인 규모에서뿐만 아니라 국내에서도 다양한 해양관측 장비를 통합하는 국가 해양 통합 관측망을 구축하고 있다. 이에 따라 정부 각 유관 기관 및 산학연의 자체적인 탐사와 관측 연구를 통해 우리나라 주변해에 대한 과학적 이해를 높이기 위한 노력을 지속하는 중이다.

특히 우리나라는 반도 국가로, 서쪽은 수심이 매우 얕은 천해인 황해와 동중국해, 동쪽은 수심이 깊은 심해인 동해로 둘러싸여 있어서, 동서로 전혀 다른 특성의 바다 가운데 있다. 또 북쪽으로는 다시 대륙이 막고 있어 우리나라에 바다는 그만큼 중요한 의미를 지닌다. 어느 나라보다도 강대국들의 이해관계가 첨예한 반도국인 우리나라에서 한반도 주변의 관할 수역에 대한 관측이 부족해서는 곤란할 것이다.

결국 각국의 국가 통합 해양관측망은 다시 전 지구적

인 해양관측 네트워크에 통합되어 궁극적으로는 우리가 직면한 위기의 지구에서의 공존 방향을 모색할 수 있어야 한다.

4차 산업혁명시대의 해양과학

인공위성을 통한 해양 원격탐사

바람과 해류를 이용해서 항해했던 챌린저호 시대부터 오늘날의 무인 관측에 이르기까지, 앞서 이야기한 관측 방법은 모두 바다에 실제로 가서 장비를 투입함으로써 데이터를 얻는 방식의 현장 관측이다. 오늘날에는 이런 현장 관측 외에도 인공위성 또는 항공기 등으로 바다 표면을 관찰해 유용한 정보를 추출하는 원격탐사 방식을 활용하기도 한다. 원격탐사를 활용하면 직접 현장에 가지 않아도 해표면 정보를 통해 해상뿐만아니라 수중에서도 실제 무슨 일이 일어나는지를 어느 정도 파악할 수 있다.

그러면 오늘날까지 우리는 과연 몇 개의 인공위성을 우

주로 보냈을까? 1957년에 올라간 세계 최초의 위성 스푸트니크 1호를 시작으로 위성은 1967년 930개, 1977년 3508개, 1987년 5298개, 1997년 7831개까지 늘어나다 2007년에 이미 1만 1219개를 넘어섰다. 이미 10년도 전에 1만 개를 넘어섰을 만큼 우리는 많은 위성을 우주로 쏘아 올렸고, 이 위성들은 오늘날 우리 지구 주변을 돌며 표면을 관찰하고 실시간으로 해양 및 기타 지구환경 관측 정보를 수집 및 송신하고 있다.[65]

앞서 간단히 설명했듯이 인공위성은 크게 두 종류로 나눌 수 있다. 정지궤도 위성은 지구의 자전에 따라 함께 회전하면서 경위도 좌표가 일정한 고정점의 상공에 머물러 있기에 특정 반구 전체를 한 번에 촬영할 수 있다. 반대쪽 반구는 또 다른 정지궤도 위성이 촬영한다. 기본적으로는 이런 정지궤도 위성 여러 개가 높은 각도에서 지구 표면을 항상 모니터링하고 있는 모습이다. 그러나 정지궤도 위성은 높이 떠 있는 만큼 해상도에 한계가 있다.

따라서 지구 표면을 조금 더 자세히 고해상도로 관찰할 수 있는 극궤도 위성 또한 함께 운용되고 있다. 극궤도 위성은 이보다 낮은 고도에 떠 있기 때문에 한 번에 촬영할 수 있는 영역은 작지만, 낮은 각도에서 경위도 좌표를 계속 바꿔가며 지구 표면을 조금 더 자세하게 관측한다. 물론 한번 지나가는 동안 다른 곳은 관측하지 못한다. 이때 한번 지나간 지점에 다시 되돌아올 때까지 걸리는 시간을 사이클이라 하는데, 각 극궤도 위성은 저마다 고유한 사이클을 가지도록 설계된다. 극궤도 위성은 고해상도의 영상을 촬영하는 장점에도 불구하고, 특정 시간에 특정 영역에만 국한되어 촬영하기 때문에 동시간대에 여러 개의 위성이 다른 영역을 관측해 보완한다.

이렇게 두 종류의 여러 인공위성들을 동시에 활용해 오늘날에는 해양 및 지구 전체의 종합적인 감시망을 구축함으로써 전반적인 지구환경에 대한 유용한 정보를 얻을 수 있다. 대표적인 활용 분야가 바로 앞서 살펴본 자연재해와 기후변화다. 예를 들어, 태풍이나 폭설, 황사, 산불 등의 자연재해 기상 예보에서는 초기장initial field을 사실적으로 파악해 수치 모델에 입력하는 것이 정확도 향상을 위해 매우 중요하다. 바로 이때 인공위성 원격탐사 관측 실황 정보가 초기장 파악에 잘 활용되고 있다.

물론 굳이 예보 때문이 아니더라도 육상, 해양, 기상 등의 지구환경 실황 정보는 현재 자연재해 상황을 실시간으로 가장 잘 파악하기 위해 중요하게 활용되고 있다. 예를 들어, 우리나라의 경우 주변 양자강에서부터 흘러나오는 담수가 황해와 동중국해의 환경에 많은 영향을 미치는데, 인공위성 원격탐사 정보에서 이런 저염수의 분포와 이동을 실시간으로 파악해 어장 환경 감시 등에 활용한다.

인공위성 원격탐사를 통해 가장 뚜렷하게 파악할 수 있는 현상 중 하나는 바로 태풍이다. 앞서 살펴봤듯이 태풍은 우리나라에서 가장 빈번한 자연재해 중 하나인데, 저위도의 열대 해양에서 에너지를 얻어 발생하고, 발달 과정에서 구름이 많이 형성되므로 인공위성의 수증기 채널을 통해 이를 관측할 수 있다. 태풍의 중심 위치와 최대 풍속 등의 정보를 잘 파악할 수 있어 태풍 감시에 요긴하게 쓰인다.

뿐만 아니라 구름이 형성되고 비나 눈이 내려 강수량이 증가하는 등의 해양과 대기의 담수 교환 과정은 앞서 언급한 지구 시스템의 수문 순환에도 매우 중요한 만큼, 인공위성 원격탐사 정보를 이용한 구름 및 강수 분야에도 활발히 활용되고 있다. 구름은 다양한 형태로 나타나는데, 낮은 고도에서 널리 그리고 얇게 형성되는 층운과 달리 좁은 영역에 수직적으로 두텁게 발달하는 적란운은 주로 태풍의 눈 주변에 바로 인접해 나타나는 특성이 있다.

고도가 올라갈수록 기압은 낮아지기 때문에 만일 주변과 열을 교환하지 않고 단열된 상태에서 상승기류가 발생하면 팽창하면서 온도가 낮아지게 된다. 이때 해당 온도에서 함유할 수 있는 포화수증기량을 초과하면 구름이 만들어진다. 반대로 하강기류를 타고 고도가 낮아지면 단열압축하면서 온도가 높아지고 구름이 사라져 맑은 날씨가 된다. 따라서 흔히 구름이 잘 만들어지는 곳에는 상승기류가 우세한 특성이 있다.

또한 해수에서의 수괴처럼, 넓은 지역에 걸쳐 펼쳐져 있는 같은 성질의 공기덩어리를 묶어 기단이라고 하는데, 서로 다른 기단은 만나는 경계에 전선front을 이루며 구름을 발달시킨다. 이 전선에는 크게 한랭전선과 온난전선 두 가지가 있으며, 한랭전선은 차가운 기단이 따뜻한 기단을 밀어 올릴 때 나타난다. 즉 한랭기단이 온난기단보다 더 빠르게 이동하면서 아래쪽을 파고 들어가면 이때 수직적으로 두꺼운 적란운 형태의 구름이 발달한다. 반대로 온난기단이 더 빠르게 이동하면서 한랭기단 위로 타고 올라가면 온난전선이 나타나며, 여기에서는 층운형의 얇은 구름이 넓은 영역에 걸쳐 만들어진다. 이외에도 고도에 따라 기온이 낮아지는 비율인 기온감률 또한 구름의 유무에 따라 다르게 나타난다. 일반적으로 고도가 100미터 높아지면 건조한 공기에서는 0.5도, 구름이 있는 습윤한 공기에서는 1도 정도가 낮아진다.

정지궤도 위성을 활용하면 실제 이런 전선의 위치와 기단의 이동 등의 실황을 바로바로 파악할 수 있다. 집중호우가 발생했을 경우 구름 모양 등으로 지역별 시간당 강수강도 및 강수량을 알 수 있고, 바닷물이 증발해 구름으로 대기에 머물다가 강우 또는 강설 형태로 언제, 어디에서, 얼마만큼 다시 지상으로 내려와 결국 바다로 나가는지 또한 인공위성 원격탐사 자료를 활용하면 상당 부분 파악할 수 있다.

인공위성 원격탐사 기술도 지난 수십 년 동안 발전에 발전을 거듭해 초창기와 달리 오늘날에는 지표면, 해표면, 대기의 매우 세밀한 정보를 더욱 자주, 그리고 더 빠르게 습득하고 있다. 초창기에 만들어진 위성에 비해 최신형 위성은 시간 분해능, 공간 분해능, 편광 분해능에서 훨씬 뛰어난 수준을 보인다.

바로 얼마 전까지만 해도 한반도가 포함된 반구 영역을 30분마다 한 장씩 촬영하던 정지궤도 위성 영상이 이제는 2.5분마다 한 장씩 찍히고, 한 장의 영상에 대한 공간 분해능도 더 좋아져서 훨씬 선명하게 찍힐 뿐만 아니라, 채널 수도 많아져 더 많은 파장대의 정보를 얻을 수 있게 되었다. 가시 채널로 예를 들면 흑백 정보에서 컬러 정보로의 발전이라고 할 수 있다. 그만큼 추출할 수 있는 정보도 많아져 결과적으로 지구환경과 지구 시스템의 작동 원리에 대한 관측 능력 또한 크게 나아질 것으로 보인다.

앞서 이야기했듯이 우리나라는 2010년에 최초의 정지궤도 위성 천리안 1호를 쏘아 올린 후 기술적으로 크게 향상된 두 번째 정지궤도 위성 천리안 2호의 기상위성 천리안 2A호를 최근 다시 쏘아 올렸고, 해양위성과 환경위성 천리안 2B호도 곧이어 올릴 예정이다.

한편 정지궤도 위성과 달리 낮은 고도에서 공간적으로는 고해상도, 시간적으로는 긴 시간 간격의 자료를 생산하는 극궤도 위성들 중에는 강수량을 감시하기 위한 GPM Global Precipitation Measurement 위성들도 있다. 다양한 극궤도의 GPM 위성들인 GCOM-W1, NOAA-19, JPSS-1, NPP, F19 등 여러 개의 위성이 동시에 서로 다른 위치의 궤도를 돌면서 지구 전체적인 강수량 분포를 연속적으로 측정한다. 이들 위성의 자료들을 통합해 전 지구적인 강수 분포와 그 시간 변화에 대한 종합적인 데이터가 만들어진다.

실제로 마이크로파 대역과 적외 채널 대역을 합쳐서 얻을 수 있는 10분 간격, 10킬로미터 이내의 고해상도의 강수합성장에서는 태풍의 이동 경로와 지역별 강수량을 잘 확인할 수 있다. 태풍을 따라 높은 강우 강도 영역이 이동하기 때문에 강우 강도가 높은 원형 혹은 나선형 영역들로부터 태풍의 존재를 직접 볼 수 있다.

태풍이 아닌 경우에는 대체로 적도 부근과 위도 60도 부근의 중위도에 상승기류에 따라 구름이 많이 형성되고 비가 많이 온다. 북반구와 남반구의 무역풍, 편서풍, 편동풍 등의 대기 대순환에 의해 이곳의 지표면이나 해표면 부근에 수렴대가 형성되기 때문이다. 반대로 지표면이나 해표면 부근에 발산대가 형성되는 위도 30도 부근은 하강기류가 우세하며 구름이 잘 형성되지 않고 대체적으로 맑은 것으로 나타난다.

물론 이 모든 것은 시시각각으로 변하며, 이를 인공위성을 통해 종합적으로 관측 및 감시할 수 있다. 이런 인공위성 원격탐사 관측 기술은 바람과 해류를 타고 항해하던 과거 탐사 시대에는 상상도 못 했을 수준의 지구환경 감시 능력을 보여준다.

4차 산업혁명으로 펼쳐질 인공지능과 개인 로봇 시대

지금까지 19세기 챌린저호 탐사 이후 비약적으로 발전한 해양관측 기술과 오늘날의 무인 해양관측 네트워크, 인공위성 원격탐사 실황 감시 능력의 현황을 이야기했다. 그렇다면 이런 해양 및 지구환경 관측의 미래는 어떻게 될 것인가? 미래 이야기를 하면서 현재 화두인 4차 산업혁명을 빼놓고 이야기할 수는 없을 것이다. 4차 산업혁명이라는 용어는 2016년 6월 스위스에서 열린 다보스 포럼에서 의장이었던 클라우스 슈바프Klaus Schwab가 처음으로 사용하면서 이슈화되었다.

> 이것은 인류가 하는 일을 바꾸는 것이 아니라 우리 인류 자체를 바꿀 것입니다.

당시에만 하더라도 우리 사회에는 그리 와닿는 말이 아니었지만 구글 알파고와 이세돌 9단의 바둑 대결에서 이세돌 9단이 다섯 번의 대결 중 단 한 차례를 제외하고 모두 패하면서 많은 사람들이 이를 피부로 느끼게 되었다. 인공지능의 놀랄 만한 발전으로 이전에는 이론적인 수준에만 머물던 방대한 계산들이 실제로 구현되기 시작했고, 빅데이터나 인공지능 분야는 관심과 두려움을 한몸에 받고 있다. 이제 인공지능이 인간의 일자리를 대체할 것이라는 미래 전망은 더 이상 생경하지 않을 정도다.

과거 18세기 말 증기기관의 발명을 통한 기계적 1차 산업혁명을 지나, 19~20세기 초 에너지를 통해 대량생산 체계를 갖춘 2차 산업혁명, 1980년대 이후 정보 통신 기술의 발전을 통해 이뤄진 3차 산업혁명까지, 인류는 과학기술의 발전에 힘입어 혁신적인 변화를 거듭해왔다. 그리고 이제 현실이 된 4차 산업혁명에 의해 미래에는 인공지능, 가상현실과 증강현실 등의 신기술이 주도할 것으로 전망되고 있다.

그렇다면 4차 산업혁명을 준비할 때 가장 중요한 것은 무엇일까? 그것은 단연 데이터, 그중에서도 빅데이터일 것이다. 인공지능을 활용하기 위해서는 비정형의 방대한 데이터를 구축하고 이를 학습시키는 것이 선제적이기 때문이다. 구글 등의 글로벌 정보 통신 기업들이 검색 엔진과 이메일 등을 통해 전 세계인의 다양한 활동에 대한 데이터를 수집하고 있는 것도 데이터의 중요성을 일찍이 깨달았기 때문일 것이다. 데이터가 풍부해야 이를 통해 충분한 학습을 시킬 수 있고, 그로부터 예측, 진단, 분석 등이 가능하다. 미래의 각광받는 직업군인 데이터 수집 및 분석가, 인공지능 소프트웨어 개발자, 언어 전문가, 맞춤 교육 컨설턴트, 가상현실 설계가 중에서 가장 중요한 직업 또한 각 분야의 데이터 수집 분석가가 될 것이라 확신한다.

이는 인류가 겪고 있는 자연재해, 기후변화, 환경오염, 자원 고갈 등의 지구환경 위기의 돌파를 위해서도 시사하는 바가 크다. 지구환경 관측 및 감시, 예측 능력의 고도화를 위해 방대한 양의 데이터 수집은 필수적이다. 현재 이 시각 지구촌 곳곳, 특히 심해를 포함한 바닷속 곳곳에서 일어나고 있는 다양한 일들은 지금 기록해두지 않으면 결코 알 수 없다. 미래에 타임머신이 개발되어 오늘로 되돌아와서 측정할 수 있지 않는 이상 절대로 알 수가 없는 것이다. 즉 오늘 벌어지고 있는 지구환경 변화를 수집해두어야만 추후 인공지능을 통해 더욱 의미 있는 정보를 추출하는 것 또한 가능하다는 의미다.

그런 의미에서 오늘날 특히 무인 해양관측 플랫폼과 센서들이 비약적으로 발전하고 있는 점은 상당히 긍정적이다. 전 세계 도처의 바닷속에서는 지금도 방대한 양의 데이터가 수집되고 있다. 그러나 앞서 언급한 것처럼 바다는 어마어마하게 넓고 깊다. 고작 수천 개의 플랫폼만으로 속속들이 감시하기에는 너무나도 역부족이다. 그런 만큼 이처럼 관측 기술이 발전한 오늘날에도 바다는 지구상에서 관측 데이터가 가장 부족한 자연에 해당한다.

그러나 계속 발전을 거듭한다면 어쩌면 미래에는 각 개인이 누구나 본인 소유의 해양 로봇이나 개인 인공위성을 통해 해양을 탐사하며 데이터를 생산하는 주체가 될지도 모른다. 해양과학자들이 해양관측 장비들이 가득한 연구조사선을 이용해 세계 도처의 바다에서 직접 데이터를 수집 및 분석하는 오늘날과는 다른 차원의 일이다. 이 경우 우리는 모두 생산자producer 혹은 전문가professional이면서 동시에 소비자consumer인 프로슈머prosumer가 되어 있을 수도 있다.

앨빈 토플러Alvin Toffler가 『제3의 물결The Third Wave』에서 처음 쓴 이 용어는 해양관측이나 해양 정보 지식에도 해당한다. 이제 전문가나 생산자가 만들어내고 소비자는 이를 소비만 하는 형태에서 벗어나 같이 생산하고 같이 소비하는 형태로 나아갈 것이다. 이들은 비전문가이지만 타 전문 분야에도 기여할 것이다.

아울러 해양학을 포함하는 지구환경 과학 전반의 교육에서도 큰 변화가 전망된다. 교육을 의미하는 에듀케이션education과 즐기는 엔터테인먼트entertainment의 합성어인 에듀테인먼트edutainment 또한 다가올 미래를 함축하는 단어다. 배우면서 즐긴다는 의미의 에듀테인먼트는 해양관측 분야에도 적용되어 개인 해양로봇 탐사와 함께 탐험 레포츠 또는 크루즈 여행과 연관 짓고자 하는 사람들의 수요도 충족시킬 것이다.

정보들을 생산하면서 소비하는 프로슈머들이 수집하는 해양관측 정보는 전 지구적인 통합 관측과 센서 네트워크를 이용해 표준화된 형태로 통합되고, 수집된 정보를 종합적으로 모아 인공지능과 증강현실 및 가상현실 등을 통해 혁신적으로 동기화된synthesized 해양을 접할 수 있도록 해

줄 것이다. 오늘날처럼 다양한 해양 생물을 수족관이라는 틀에 가둬두고 구경하는 방식이 아니라 언제 어디에서나, 그곳이 태평양 심해 한가운데라 할지라도 홀로그램으로 구현해 실시간으로 심해 생물들을 만져볼 수 있는 증강현실 또한 실현될 것이다.

그리고 이는 무엇보다 우리가 직면하고 있는 지구환경 문제를 푸는 길도 열어줄 것이다. 이를 위해 현재까지 개발한 플랫폼에 더해 더욱 다양한 플랫폼이 추가적으로 개발되고 있으며, 수집할 수 있는 데이터 양 또한 더욱 급증할 것이다. 혹자는 꿈 같은 이야기라고 생각할 수도 있겠지만 지금의 동향으로 봤을 때는 전혀 상상에만 국한된 이야기는 아니다.

실제로 미국국립과학재단에서 지원하는 해양관측 프로그램인 해양관측 이니셔티브OOI에서는 이와 같은 센서 네트워크를 통해 실시간으로 태평양 현장을 구현할 수 있는 관측망들을 이미 구축하기 시작한 지 오래다. 계류 장비나 수중 글라이더 등은 물론이고 태평양 심해까지 연결되는 해저 케이블을 오리건주와 워싱턴주의 육상에서부터 깔아서, 해저면에 심해 촬영 장비를 포함한 여러 장비들을 장착해 광대역 데이터들을 실시간으로 전송하고 있다.

이에 따라 해수 중 박테리아나 플랑크톤이 갑자기 번성할 경우 수중의 장비들이 실시간으로 파악해 유전자 등을 분석하고 그 종을 식별해 이들의 번성 범위와 상위 영양 생태계의 변화까지 예측할 수 있는 정도의 정보도 실시간으로 파악할 수 있게 된다. 이처럼 바닷속을 손바닥처럼 속속들이 들여다보는 시대는 이미 구축되고 있으며 성큼 우리 앞에 다가와 있다.

해양관측에서 빅데이터의 가치

옛말에 '열 길 물속은 알아도 한 길 사람 속은 모른다'는 말이 있다. 그러나 개인 방송이나 SNS 등을 통해 사람들의 생각을 속속들이 알게 된 오늘날에도 열 길, 아니 백 길, 천 길의 바닷속에서 벌어지는 일들을 우리는 잘 알지 못한다. 지구환경의 상당 부분을 차지하며 기후를 조절하는 해양, 특히 그중에서도 대부분을 차지하는 심해에는 제대로 접근조차 못 하고 있기 때문이다.

그러나 오늘날의 기후변화 문제를 접하며 전문가들은 해양과 빙권의 중요성을 새롭게 인식하기 시작했고, 이외에도 자연재해, 해양오염, 자원 및 에너지 부족 등 여러 위기에 직면하면서 지속 가능한 발전을 위한 바다의 중요성을 깨닫기 시작했다. 다행인 것은 지금까지 살펴본 해양관측의 과거, 현재, 미래를 살펴봤을 때 그리 절망적이지만은 않다는 점이다. 비약적으로 발전된 해양관측 기술을 바탕으로 가까운 미래에는 바다를 보다 잘 알고 본격적으로 활용할 줄 아는 지혜가 우리에게 생겨날 것이라 믿는다. 오션 클린업과 같이 지구 시스템의 작동 원리를 활용해 전 지구적 문제들을 하나씩 해결하기 위한 노력들을 더해간다면 이 위기는 반드시 극복할 수 있을 것이다.

이때 필요한 영역이 바로 공학이다. 과학자는 문제를 진단하고 원인을 규명하지만 해결책을 제시해주지는 않는다. 결국 해결은 과학이 아닌 공학의 영역이다. 이에 따라 최근에는 원하지 않는 기후변화를 제한하기 위해 지구 기후 시스템 자체를 인위적으로 조절하는 등의 지구공학적 시도가 논의되고 있다. 기후변화로 인한 지구온난화 문제를 해결하기 위해, 태양광을 막아 전 지구를 냉각시키자는 등의 논의가 그 예다. 이는 과학의 영역을 초월한다. 미국 응용 역학자 시어도어 폰 카르만Theodore von Kármán은 이렇게 말했다.

> 과학자는 그것이 무엇인지를 연구하지만, 엔지니어(공학자)는 세상에 없었던 것을 창조한다.

과학자는 자연의 원리를 바탕으로 문제를 진단하고 원인을 규명하는 사람이고, 공학자는 이를 해결하기 위해 새로운 것을 창조하는 사람이다. 그러나 철저한 과학적 진단이 끝나지 않은 상태로 내리는 섣부른 공학적 처방은 가장 위험하다. 지구공학적인 접근은 상당히 신중해야 한다. 자연에 인위적인 변화를 가할 때는 벌어질 일에 대한 '과학적' 검토가 충분히 있어야 최선의 처방을 내릴 수 있기 때문이다. 이런 점에서도 공학자와 과학자의 협력은 필수적이다.

지구가 사람의 몸이라면 진단은 과학자의 몫이다. 수술은 진단 결과를 통해 처방이 내려진 후의 일이다. 만약 진단을 잘못 내리거나 제대로 된 처방도 없이 바로 수술부터 진행했다가는 환자의 생명이 위험해질 수 있다. 사람 몸에 투약하는 신약도 여러 번의 임상 시험을 거쳐 상용화하듯이, 지구에 적용하는 지구공학 또한 여러 부작용이나 파급 효과들을 충분히 확인 및 검증한 후에야 비로소 적용해야 한다. 지구 시스템에 대한 면밀한 과학적 검토 없이 수술부터 시도하기에는 감당할 위험이 너무나도 크다. 70억의 사람들이 공존하고 있는 지구는 우리에게 단 하나밖에 없기 때문이다.

현재 논의되고 있는 몇 가지 흥미로운 지구공학적 아이디어들 중에는 대기 성층권에 이산화황을 주입해 지구온난화를 해결하는 방법이 있다. 앞서 언급했듯이 과거 피나투보 화산 폭발이 지구의 평균 기온을 0.5도 낮추며 냉각 효과를 가져왔던 점에 착안한 것이다. 또 다른 지구공학적 아이디어 중 하나는 해양에 거대한 오션 파이프들을 수직으로 세워 집어넣는 것인데, 이 파이프들을 통해 인위적으로 심층수를 표층으로 끌어올리고자 하는 것이다. 이때 파이프 안에는 판막 등을 설치해 물을 올리기만 하고 내려가는 것은 막는다. 파력에 의해 바닷물이 오르내릴 때 파이프를 통해 심층의 영양염이 풍부한 저온수를 빛이 잘 투과하는 표층으로 올리는 방식이다.

이에 따라 식물성 플랑크톤들이 광합성을 할 수 있는

조건을 만족시켜준다면 플랑크톤 번성에 의한 산소 생산이 늘어나 산소 농도가 높아질 수 있다는 논리다. 이를 위해서는 대략 1세제곱미터 정육면체 100만 개를 1초에 나르는 정도의 수송량이 필요한데, 파이프 약 700만 개를 설치해야 하는 규모다. 모두 참신한 아이디어이고 과학에서부터 출발했지만 공학적인 설계와 시공 전에 면밀한 과학적 검토가 있어야 한다는 기본 원칙은 잊지 말아야 할 것이다.

앞서 언급한 것처럼 유엔에서 설정한 지속 가능 개발 목표 17개의 항목 중 하나가 해양생태계일 정도로 해양생태계를 건강하게 유지하는 것이 이제는 인류의 중요한 목표 중 하나로 자리매김했다. 이에 더해 향후 10년은 해양과학을 통해 지구환경 문제의 원인과 대안을 규명해야 하는 중요한 시기다. 유엔에서 2021년부터 2030년까지를 해양과학 10년(2021~2030)으로 선언할 만큼 지구 시스템의 작동 원리를 이해하기 위한 바다의 중요성과 재원 투입의 필요성은 새롭게 인식되기 시작했다. 해양과학 10년(2021~2030)의 목표는 총 여섯 개다.

첫째, 깨끗한 바다다. 태평양 거대 쓰레기 섬이나 미세 플라스틱 등 해양오염 문제는 빠른 시일 내에 우리가 반드시 풀어야 할 숙제다.

둘째, 건강하고 회복력이 강한 생태계로서의 바다다. 해양 산성화 등 해양생태계의 회복력이 점점 떨어지고 있는 오늘날, 이를 반전시켜 회복력이 강한 바다로 만들기 위한 지혜가 요구된다.

셋째, 예측 가능한 바다다. 비약적으로 발전한 해양관측 네트워크를 활용해 해양 환경에 대한 실황을 보다 사실적으로 구현하며 이를 바탕으로 미래 해양 환경에 대한 예측 기술을 발전시켜야 할 것이다. 해양 과정에 대한 이해도를 높여 그 예보 정확도를 높이는 노력도 지속해야 한다.

넷째, 안전한 바다다. 선박 사고나 태풍과 지진해일 등으로 야기되는 자연재해 손실 등을 줄이기 위해 해양관측 및 감시 능력을 고도화해 조기 경보와 예보 시스템을 발전시키기 위한 노력이 필요하다.

다섯째, 지속 가능한 생산적인 바다다. 이는 식량 안보 문제와도 이어지는데, 잡는 어업 뿐만 아니라 기르는 어업을 포함해 모든 수산 자원의 효율적인 관리가 생태계 기반으로 이루어져 생산성을 유지할 수 있도록 해야 한다.

마지막 여섯째, 투명하고 접근 가능한 바다다. 앞서 언급한 해양관측 네트워크로부터 통합된 데이터 수집이 이루어지고 누구에게나 무료 제공되는 형태로 발전해야 할 것이다. 또한 누구나 광활한 바다 어느 곳에라도 실제 혹은 가상으로 접근할 수 있도록 다양한 유무인의 해양 로봇과 가상현실, 증강현실 등의 접목 기술 개발을 이루어야 한다.

『조선왕조실록』은 우리나라 역사상 최장 왕조인 1392~1910년 조선왕조의 역사를 담은 방대한 기록 문화유산이다. 무엇보다 사관의 독립성과 비밀성을 보장했다는 점에서 역사 기록으로서의 가치가 크다. 총 1894권 888책, 4964만 6667자로 이루어져 한문으로 읽는다면 하루에 100쪽씩 읽어도 4년 이상 걸릴 정도의 방대한 양이다. 1997년에는 그 가치를 인정받아 유네스코 세계기록유산으로 지정되기도 했다.

『조선왕조실록』에는 그 어떤 평가나 분석도 없다. 모든 사실을 빠짐없이 기록했을 뿐이다. 일종의 방대한 빅데이터다. 기록 자체가 후대에 활용할 수 있는 좋은 정보가 되리라는 판단에 따른 것이다. 이는 거대한 사찰이나 궁전,

웅장한 피라미드와 같은 하드웨어 유산만큼이나, 아니 그보다 훨씬 소중한 소프트웨어 유산이다. 그 어떤 외세의 침략에도 불타지 않을 조상들의 지혜 자체인 것이다.

이것이 시사하는 바 또한 해양관측 데이터와 닿아 있다. 바닷속 곳곳에서 벌어지고 있는 일들은 지금이 관측하지 않으면 다시 얻을 수 없는 데이터다. 미래에서 다시 되돌아오지 않는 이상 불가능하다. 굳이 이 관측 데이터를 평가하거나 분석하지 않더라도 데이터 자체가 기록으로서 갖는 가치가 매우 크다. 앞서 언급한 것처럼 오늘날에는 해양관측 기술의 비약적 발전으로 예전에는 접근하지 못했던 미지의 해양에 대한 관측이 가능해졌다. 챌린저호 탐사 시대에는 상상도 못 했을 분량의 데이터가 매일매일 수집되고 있으며, 앞으로 그 데이터 양은 급증할 것으로 전망된다.

이런 방대한 데이터를 오늘의 기록으로 후대에 전해주기만 해도 앞으로의 인공지능과 빅데이터 기술은 우리가 추출할 수 없었던 새로운 정보들로부터 지구환경 문제의 해결책들을 찾아낼 수 있을 것이다. 마치 알파고가 데이터를 학습해 프로 바둑기사 이세돌 9단을 이긴 것처럼, 후일 해양관측 데이터를 통해 학습한 인공지능은 해양과학적 원리를 이용해 오늘날 인류가 해결하지 못하고 있던 지구 환경 문제를 푸는, 보다 나은 해결책을 찾도록 할 것이다.

따라서 지금 우리는 『조선왕조실록』에 담긴 선조들의 지혜를 본받아야 한다. 『조선왕조실록』과 같은 엄청난 기록문화유산을 남긴 선조들처럼, 해양 데이터 과학의 시대를 맞이하는 해양 정보 지식의 프로슈머들에게 방대한 해양관측 기록 데이터를 바로 지금 수집해 남겨주어야 한다. 이것이 바로 우리가 직면한 지구환경 문제들을 과학으로 푸는 시작점이다.

Q 묻고

답하기 A

해양과학이 추구하는 궁극적인 목표를 지구공학과 비교한다면?

과학은 공학과 같이 어떤 문제의 해결책으로써 무엇을 만들어내려는 것이 아니다. 문제를 찾아내고 무엇이, 왜 문제가 되는지를 풀어낸다. 즉 과학이란 문제가 지닌 '왜'라는 질문에 답하는 것이다.

해양과학자들이 해양관측 장비들을 바다에 투하하고 세계 도처의 바다에서 다양한 데이터를 수집 및 분석하는 목적은 모두 바다가 작동하는 원리를 이해하고 바닷속의 비밀을 밝히는 데 있다. 미지의 바닷속에서 새롭게 얻은 데이터, 여기에는 그 시간 그곳의 환경을 관측한 사람만이 할 수 있는 이야기가 담겨 있다.

바다는 끊임없는 이야기들로 가득하다. 이를 밝혀내 새로운 과학적 원리를 들추어내고 바다가 작동하는 원리, 나아가 우리가 사는 지구 시스템의 작동 원리를 이해하도록 하는 것, 결국 이를 통해 우리가 직면한 지구환경의 문제들을 풀어낼 수 있는 해결책을 함께 고민하도록 하는 것이야말로 과학의 궁극적인 목표라고 할 수 있다. 이런 면에서는 지구공학이 추구하는 궁극적인 목표와도 다르지 않다.

지구공학은 구체적인 기술적 해결책에 대한 답을 찾는 과정이 될 것이다. 그러나 충분한 임상 실험을 통해 최종적으로 검증되어야만 신약을 판매하는 것처럼 지구공학적 해결책은 지구 시스템에 대한 면밀한 과학적 검토를 통해 그 부작용을 포함한 파급효과를 충분히 검증한 후에 실현되어야만 한다.

즉 과학적 이해에 기반해 찾은 공학적 해결책을 다시 과학적으로 검증하는 등의 방식으로 서로 피드백을 주고받는 노력이 필요하다. 이처럼 공학자와 과학자가 궁극적으로 하나의 목표를 위해 협업함으로써, 해결책을 함께 찾아나가는 것이야말로 이상적인 최선의 방안이라 할 것이다. 하나뿐인 지구를 되살리는 데 과학과 공학이 다른 목소리를 낼 이유가 있을까?

지구환경의 문제들을 풀어낼 수 있는 해결책은 과학과 공학에만 국한된 것도 아니다. 앞서 자연재해를 설명하며 자연재해 자체는 자연현상이지만 그 피해는 사회적이라고 한 것처럼, 사회과학의 협업도 반드시 이루어져야 한다. 소 잃고 외양간 고치는 일은 더 이상 반복되어서는 안 된다.

따라서 사회 전반의 대비도를 높이는 것은 필수적이다. 선제적인 대응을 통해 자연재해를 포함한 지구환경 문제에 대해 회복력 강한 사회로 이행하는 것이 무엇보다 중요하다 할 수 있다. 즉

'파인먼 경계'를 넘나들며 자연과학과 사회과학의 융복합 해결책을 찾기 위해 모두가 지혜를 모아야 할 것이다.

나가는 글

지속 가능한 지구를 위해서

인류는 현재 유례 없던 자유를 누리며 '인간의 시대'를 살아가고 있다. 그러나 지금처럼 자원을 무분별하게 소비하고 지구환경을 계속해서 악화시킨다면 '운명의 날 시계'와 '지구 생태 용량 초과의 날'의 경고처럼 인류는 정말 가까운 시기에 멸종을 피하기 어려워 보인다.

지난 역사에서도 환경 파괴와 자원 고갈 그리고 더욱 빈번해지는 자연재해는 전쟁사와 무관하지 않았다. 한 번도 겪어보지 못한 기후변화를 마주하며, 한 번도 가보지 않은 길로 접어든 현재, 사회와 국가의 대립과 갈등은 더욱 증폭되기 쉬운 악화일로에 와 있다. 현재 우리의 지구 사용 방식은 수십억 년 동안 충전된 배터리를 400년도 안 되어 모두 소모해버리는 것과 같다. 결코 지속 가능하지 않다.

우리에게는 지구를 버리고 떠날 수 있는 능력과 자격이 없다. 대안 없는 선택 앞에 내릴 수 있는 결론은 행동을 바꾸는 것뿐이다. 급속 성장의 이면에 자리한 극심한 빈부 차이와 '밑바닥 10억'의 문제를 포함해 기후변화, 자연재해, 자원 고갈, 환경오염 등 전 지구적 위기 속에서 미래 세대에 빚을 남기지 않기 위해서는 지속 가능한 방식으로 모든 것을 바꿔나가야 한다.

당장 모든 것이 해결되지는 않더라도 보다 나은 지구환경을 만들고 이를 조금 더 잘 활용해 지속 가능한 방식으로 바꾸기 위한 공감대를 형성해야 할 것이다. 지구공학적인 접근을 성급하게 적용해서도 안 된다. 지구환경을 섣부르게 인위적으로 조절하다가는 또 다른 큰 위험을 초래할 수도 있다. 과학적 이해에 기반한 신중한 접근이 요구되는 시점이다.

특히 해양 및 빙권의 경우 그동안은 접근성 자체가 매우 낮았지만, 최근 관측 기술의 비약적인 발달에 힘입어 양질의 관측 데이터를 수집하면서 그 중요성이 새삼 알려지게 되었다. 이들에 대한 과학적 이해를 높이는 일이 무엇보다도 시급하다. 유엔에서 정한 '해양과학 10년(2021~2030)'의 기간 동안 바다에 대한 투자를 통해 해양 데이터 과학 시대를 여는 것 또한 중요하다. 오늘의 해양관측 데이터를 후대에 물려줄 수 있는 기록 유산으로 남겨두어야 할 것이다.

해양은 지구온난화로 증가된 열의 대부분을 흡수하고 있다. 그 만큼, 해양에 대한 과학적 이해를 바탕으로 단 하나뿐인 지구 시스템의 숨은 작동 원리를 보다 잘 이해하고 본격적으로 활용한다면, 신중한 해결책을 제시할 수 있을 것이라 기대한다.

지구환경 문제의 출발은 과학이지만, 기술적 해결 방안은 지구공학적 아이디어를 통해 찾을 수 있다. 동시에 '파인먼 경계'를 넘나들며 사회 전반의 지구환경 변화 대비도preparedness와 선제적인 회복력 강화 방안을 구체화하는 것이 필요하다. 자연과학과 사회과학의 융복합 해결책을 찾는 일에 소모적인 경쟁이나 불필요한 논란 등은 최소화해야 한다.

우리의 미래는 외롭고 삭막한 '각자도생各自圖生'에 있는 것이 아니라 위기의 지구에서 살아남기 위한 '공존共存'의 지혜 속에 있다. 오늘 마주한 지구환경의 문제를 고민하며 함께 내일을 열어가고자 하는 뜻있는 지구인들을 기다리며 오늘도 연구선에 승선해 미지의 바다로 한 걸음 더 나아가 본다.

끝으로 이 책이 나올 수 있도록 강연 준비부터 원고 정리에 이르기까지 여러 수고와 노력을 아끼지 않은 장보라, 윤홍, 강지은, 안형욱 외 21세기북스 담당자분들과 지구 곳곳의 현장에서 지금도 탐사 중인 모든 과학자들께 깊이 감사드린다.

다양한 논문과 책을 토대로 강의한 자료를 정리하는 과정에서 일반 학술 서적처럼 엄격하게 각주나 참고문헌을 달기가 어려웠다. 직접 인용한 부분을 제외하고는 각주를 달지 않았고, 대신 책 후반에 관련된 참고문헌을 별도로 정리했으니 양해 부탁드린다.

주석

1. Munich RE, NatCatSERVICE, "Natural loss events worldwide 2015: Geographical overview", 2016. 1. https://www.munichre.com

2. 에드워드 A. 켈러·두에인 E. 드베키오 저, 김지수 등 역, 『자연재해와 방재』, 시그마프레스, 2017.

3. 에드워드 A. 켈러·두에인 E. 드베키오 저, 김지수 등 역, 같은 책.

4. Demographia World Urban Areas, "World's largest cities: Population", 2016. http://www.demographia.com

5. 에드워드 A. 켈러·두에인 E. 드베키오 저, 김지수 등 역, 같은 책.

6. 존 C. 머터 저, 장상미 역 『재난 불평등: 왜 재난은 가난한 이들에게만 가혹할까』, 동녘, 2016.

7. 에드워드 A. 켈러·두에인 E. 드베키오 저, 김지수 등 역, 같은 책.

8. 위키백과 https://ko.wikipedia.org/wiki/태풍_매미
위키백과 https://ko.wikipedia.org/wiki/태풍_루사

9. 중앙재난안전대책본부(소방방재청) 통계 자료.

10. 관계부처합동, 「2017년 이상기후 보고서」, 기상청, 2018. 1. 17. http://www.climate.go.kr/home/cc_data/2018/2017_abnormal_climate_report.pdf

11. 기상청 기상자료개방포털 https://data.kma.go.kr/cmmn/main.do
환경부 한강홍수통제소 http://www.hrfco.go.kr/main.do

12. 에드워드 A. 켈러·두에인 E. 드베키오 저, 김지수 등 역, 같은 책.

13. 기상청 날씨누리 https://www.weather.go.kr

14. 기상청 날씨누리 https://www.weather.go.kr/w/download/earthquake_pohang.pdf

15. 에드워드 A. 켈러·두에인 E. 드베키오 저, 김지수 등 역, 같은 책.

16. 미 지질조사국(United States Geological Survey, USGS).

17. 김승욱, "'설마'로 끝난 지진해일 가능성…한국엔 역대 두 번 발생", 《연합뉴스》, 2019. 4. 20. https://www.yna.co.kr/view/AKR20190419153700004

18. 김윤종, ""日과 달리 안전지대라 생각했는데"…한반도 '지진 스트레스' 쌓여간다", 《동아일보》, 2016. 7. 6. http://www.donga.com/news/article/all/20160706/79047095/1

19. Swiss RE, sigma catastrophe database, 2016 Munchener Rück-versicherungs-Gesellschaft, Geo Risks Research.

20. 기상청, 한국환경공단 기후변화 교육 자료.

21. 기상청 IPCC, *Fourth Assessment Report: AR4*, 2007.

22. IPCC, Ibid.

23. IPCC, Ibid.

24. 기상청 날씨누리 https://www.weather.go.kr/weather/earthquake_volcano/volcano_02_2.jsp
박예솔, "필리핀 화산, '대폭발 징후' 보여…"경보 4단계 유지 중"", 《데일리 이코노미》, 2020. 1. 15. http://www.enewstoday.kr/news/articleView.html?idxno=11027
온케이웨더 http://www.onkweather.com/mobile/bbs_view.html?bo_table=eco2&wr_id=346
국립기상과학원 http://www.nims.go.kr/?sub_num=849

25. 미국 해양기상청 지구 시스템 연구소(Earth System Research Laboratories, ESRL) https://www.esrl.noaa.gov/gmd/ccgg/trends

26. 이산화탄소 정보분석센터(CDIAC) https://cdiac.ess-dive.lbl.gov/trends/co2/ice_core_co2.html
https://www.co2.earth/co2-ice-core-data

27. IPCC, *Fourth Assessment Report: AR4*, 2007.

28. IPCC, *Fifth Assessment Report: AR5*, 2014.

29. 한미 협력 국내 대기질 공동 조사(KORUS AQ).

30. 기상청 국가기상위성센터 https://nmsc.kma.go.kr/homepage/html/main/main.do

31. 고재원, "공기오염 해결책, 엔지니어링 아니라 과학에서 답 찾아야", 《동아사이언스》, 2019. 6. 23. http://dongascience.donga.com/news.php?idx=29477

32. 기후변화에 관한 정부 간 협의체(IPCC).

33. IPCC, *Fourth Assessment Report: AR4*, 2007.

34. IPCC, Ibid.

35. IPCC, *Special Report on the Ocean and Cryosphere in a Changing Climate*, 2019.

36. EUMESAT OSI ASF. http://osisaf.met.no
Kinnard, C., Zdanowicz, C., Fisher, *D. et al. Reconstructed changes in Arctic sea ice over the past 1,450 years. Nature* 479, 509–512 (2011). https://doi.org/10.1038/nature10581

37. Dieng, H. B., et al. (2017). New estimate of the current rate of sea level rise from a sea level budget approach. *Geophysical Research Letters*, 44.8, 3744-3751. https://doi.org/10.1002/2017GL073308
Llovel, W., Purkey, S., Meyssignac, B., et al. (2019). Global ocean freshening, ocean mass increase and global mean sea level rise over 2005–2015. *Scientific Reports*, 9, 17717. https://doi.org/10.1038/s41598-019-54239-2
Watson, C., White, N., Church, J., et al. (2015). Unabated global mean

sea-level rise over the satellite altimeter era. *Nature Climate Change*, 5, 565-568. https://doi.org/10.1038/nclimate2635

38. IPCC, *Fourth Assessment Report: AR4*, 2007.

39. Our Sinking Planet, *Time*, 2019. 6. 24. http://time.com

40. Kelsey Piper, "Human history, in one chart," *VOX*, November 8, 2018. https://www.vox.com/future-perfect/2018/11/8/18052076/human-history-inone-chart-industrial-revolution

41. 폴 콜리어 저, 류현 역, 『빈곤의 경제학』, 살림, 2010.

42. Langmuir C. H., Broecker W., *How to Build a Habitable Planet: The Story of Earth from the Big Bang to Humankind*, Princeton University Press, 2012.

43. Laura Parker, *The world's plastic pollution crisis explained, National Geographic*, 2019. https://www.nationalgeographic.com/environment/habitats/plastic-pollution/

44. 배문규, "[단독]해마다 바닷새 5000마리, '한국산 플라스틱 쓰레기' 먹고 죽는다", ≪경향신문≫, 2019. 07. 22. http://news.khan.co.kr/kh_news/khan_art_view.html?art_id=201907220600045

45. 김태환, "[과학TALK] '플라스틱 프리' 외치는 과학계…대체재 개발연구 '봇물'", ≪조선비즈≫, 2019. 05. 05. https://biz.chosun.com/site/data/html_dir/2019/05/03/2019050302401.html

46. 이승한, "노르웨이 양식 연어 "친환경 수산물로 국제인증"", ≪중앙일보≫, 2019. 03. 01. htps://news.joins.com/article/23407649

47. 오션클린업 https://theoceancleanup.com

48. 정우진, 「에너지·식량·물 불안 가속화」, FUTURE HORIZON, 23, 한국과학기술정책연구원, 2015, pp. 16-19. http://stepi.re.kr/app/publish/view.jsp?cmsCd=CM0022&categCd=A0505&ntNo=23&sort=PUBDATE&sdt=&edt=&src=&srcTemp=&opt=N&currtPg=1
한국수자원공사·(주)날리지웍스, 「물-에너지-식량 연계(Water-Energy-Food Nexus) 기술 개발 기획 최종보고서」, 건설보고서, 한국건설기술연구원, 2017. http://www.ndsl.kr/ndsl/commons/util/ndslOriginalView.do?dbt=TRKO&cn=TRKO201700009476&rn=&url=&pageCode=PG18

49. 최재천, "(동물학자의 인간 견문록) 국가미래전략청이 필요하다", ≪중앙선데이≫, 2008. 1. 13. http://news.joins.com/article/3009149

50. Stephen Johnson, "Why Stephen Hawking believed the next 200 years are crucial for humanity", *Big think*, 14 March, 2018.

51. Moore, John C., et al. (2018). "Geoengineer polar glaciers to slow sea-level rise." *Nature*, 555, 303-305.

52. 리처드 A. 데이비스 등 저, 김완수 등 역, 『일반해양학』, 미래엔(대한교과서), 1999, p. 490
존 A. 크나우스 · 뉴얼 가필드 저, 조양기 등 역, 『물리해양학』, 시그마프레스, 2019, p. 360.

53. 이용성, "인구 증가로 주목받는 식량·에너지·자원 보고 바다 경제효과 2800조원의 '블루 오션'… 첨단기술 접목 활발", 《이코노미 조선》, 2017. 2. 13. http://economychosun.com/client/news/view.php?boardName=C00&t_num=11221

54. 이용성, 같은 기사.

55. 이용성, 같은 기사.

56. 위키피디아 http://en.wikipedia.org/wiki/Aquaculture_of_salmonids

57. Peter F. Drucker, *Managing in the next society*, Griffin, 2003.

58. 강의영, "명량대첩 당시 바닷물 흐름 밝혀냈다", ≪연합뉴스≫, 2010. 10. 21. https://www.yna.co.kr/view/AKR20101021102400003

59. 스마트마인즈 https://smartminds.io/14-amazing-facts-about-our-oceans

60. 마린바이오 https://marinebio.org/creatures/facts

61. 아르고 http://argo.ucsd.edu

62. 대서양 해양기상 연구실 https://www.aoml.noaa.gov/phod/graphics/dacdata/globpop_countries.gif

63. 오션사이트 http://www.oceansites.org

64. 관측 시스템 모니터링 센터 http://osmc.noaa.gov/OSMC

65. 기상청, 국가기상위성센터

참고문헌

1. 리처드 A. 데이비스 등 저, 김완수 등 역, 『일반해양학』, 미래엔(대한교과서), 1999.

2. 에드워드 A. 켈러·두에인 E. 드베키오 저, 김지수 등 역, 『자연재해와 방재』, 시그마프레스, 2017.

3. 존 A. 크나우스·뉴얼 가필드 저, 조양기 등 역, 『물리해양학』, 시그마프레스, 2019.

4. 존 C. 머터 저, 장상미 역, 『재난 불평등: 왜 재난은 가난한 이들에게만 가혹할까』, 동녘, 2016.

5. 폴 콜리어 저, 류현 역, 『빈곤의 경제학』, 살림, 2010.

6. 관계부처합동, 「2017년 이상기후 보고서」, 기상청, 2018. 1. 17.

7. 정우진, 「에너지·식량·물 불안 가속화」, FUTURE HORIZON, 23, 한국과학기술정책연구원, 2015.

8. 한국과학기술한림원, 「플라스틱 오염 현황과 그 해결책에 대한 과학기술 정책」, 한림연구보고서, 123, 2018. 11.

9. 한국수자원공사·(주)날리지웍스, 「물-에너지-식량 연계(Water-Energy-Food Nexus) 기술 개발 기획 최종보고서」, 건설보고서, 한국건설기술연구원, 2017.

10. 강의영, "명량대첩 당시 바닷물 흐름 밝혀냈다", ≪연합뉴스≫, 2010. 10. 21.

11. 고재원, "공기오염 해결책, 엔지니어링 아니라 과학에서 답 찾아야", 《동아사이언스》, 2019. 6. 23.

12. 김윤종, ""日과 달리 안전지대라 생각했는데"…한반도 '지진 스트레스' 쌓여간다", 《동아일보》, 2016. 7. 6.

13. 박예슬, "필리핀 화산, '대폭발 징후' 보여…"경보 4단계 유지 중"", 《데일리이코노미》, 2020. 1. 15.

14. 이용성, "인구 증가로 주목받는 식량 · 에너지·자원 보고 바다 경제효과 2800조원의 '블루 오션'… 첨단기술 접목 활발", 《이코노미 조선》, 2017. 2. 13.

15. 최재천, "〔동물학자의 인간 견문록〕 국가미래전략청이 필요하다", ≪중앙선데이≫, 2008. 1. 13.

16. Langmuir C. H., Broecker W., *How to Build a Habitable Planet: The Story of Earth from the Big Bang to Humankind*, Princeton University Press, 2012.

17. Peter F. Drucker, *Managing in the next society*, Griffin, 2003.

18. Dieng, H. B., et al. (2017). New estimate of the current rate of sea level rise from a sea level budget approach. *Geophysical Research Letters*, 44.8, 3744-3751.

19. Llovel, W., Purkey, S., Meyssignac, B., et al. (2019). Global ocean freshening, ocean mass increase and global mean sea level rise over 2005 – 2015. *Scientific Reports*, 9, 17717.

20. Moore, John C., et al. (2018). "Geoengineer polar glaciers to slow sea-level rise." *Nature*, 555, 303-305.

21. Watson, C., White, N., Church, J., et al. (2015). Unabated global mean sea-level rise over the satellite altimeter era. *Nature Climate Change*, 5, 565-568.

22. IPCC, *Fourth Assessment Report: AR4*, 2007.

23. IPCC, *Fifth Accessment Report: AR5*, 2014.

24. IPCC, *Special Report on the Ocean and Cryosphere in a Changing Climate*, 2019.

25. Our Sinking Planet, *Time*, 2019. 6. 24.

26. Stephen Johnson, "Why Stephen Hawking believed the next 200 years are crucial for humanity", *Big think*, 14 March, 2018.

KI신서 9164

위기의 지구,
물러설 곳 없는 인간

1판 1쇄 발행 2020년 5월 18일
1판 9쇄 발행 2024년 5월 20일

지은이 남성현
펴낸이 김영곤
펴낸곳 ㈜북이십일 21세기북스

서가명강팀장 강지은 **서가명강팀** 박강민 서윤아
디자인 THIS-COVER
출판마케팅영업본부장 한충희
마케팅2팀 나은경 정유진 백다희 이민재
출판영업팀 최명열 김다운 김도연 권채영
제작팀 이영민 권경민

출판등록 2000년 5월 6일 제406-2003-061호
주소 (10881)경기도 파주시 회동길 201(문발동)
대표전화 031-955-2100 **팩스** 031-955-2151 **이메일** book21@book21.co.kr

ISBN 978-89-509-8849-4 04300
978-89-509-7942-3 (세트)